华南师范大学教育名家系列文集

丛书主编　扈中平　李盛兵
丛书副主编　曾文婕　刘磊明

叶佩华教育文集

张敏强　主编

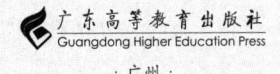

广东高等教育出版社
Guangdong Higher Education Press
·广州·

图书在版编目（CIP）数据

叶佩华教育文集/张敏强主编. —广州：广东高等教育出版社，2024.11
（华南师范大学教育名家系列文集）
ISBN 978-7-5361-7304-0

Ⅰ. ①叶…　Ⅱ. ①张…　Ⅲ. ①教育—文集　Ⅳ. ①G4-53

中国国家版本馆 CIP 数据核字（2023）第 213777 号

书　　名	叶佩华教育文集
	YE PEIHUA JIAOYU WENJI
出版发行	广东高等教育出版社
	地址：广州市天河区林和西横路
	邮政编码：510500　电话：(020) 87553335
	http://www.gdgjs.com.cn
印　　刷	佛山市浩文彩色印刷有限公司
开　　本	787 毫米×1 092 毫米　1/16
印　　张	9.5
字　　数	186 千
版　　次	2024 年 11 月第 1 版
印　　次	2024 年 11 月第 1 次印刷
定　　价	32.00 元

如发现印装质量问题，请直接与印刷厂联系调换。

总序

历史是最好的清醒剂。铭记历史，才能开创未来。编写这套教育名家系列文集，不仅是为了庆祝华南师范大学90周年华诞，也是为了纪念对国家教育科学和学校教育学科的发展做出贡献的先贤们。

90年来，华南师范大学从无到有，至今成为我国"双一流"建设大学，成为我国教育强国建设的重要组成部分。1933年勷勤大学建立，设立商学院、工学院和师范学院，后者是华南师范大学的前身，在日本东京高师学习师范教育专业的林砺儒先生任院长。4年后勷勤大学改组，其师范学院独立设置为广东省立教育学院，后更名为广东省立文理学院，主要办理师范教育，培养中等教育师资，林砺儒先生任校长。由于高举师范教育的大旗，坚持办学的革命性和进步性，文理学院被称为"小延安"。1952年院系调整，在广东省立文理学院的基础上，并入中山大学师范学院、华南联大教育系、南方大学俄语系、岭南大学教育系、海南师范学院、南昌大学师范部地理专修科、广西大学教育系、湖南大学史地系地理专修科，九脉归一成立华南师范学院，师资力量不断壮大，为南方师范教育重镇。1982年华南师范学院更名为华南师范大学，1996年忝列为国家"211工程"建设大学，2013年又转为"双一流"建设大学，进入国家一流大学建设行列，实现了华南师范大学几代办学人的理想。

与大学的快速、高水平发展相比，教育系、教育科学学院的发展更加出色，教育学科不仅是广东省的龙头学科，在全国也属优势学科。1935年教育系建立，1952年合并后的教育系名家荟萃，教授就有20多人，实力超群。1999年实体性合并教育系、心理学系、教育科学研究所、课程教材所和高等教育研究室，成立教育科学学院，实现了教育学科自1952年来的第一次整合，开启了跨越式发展的新征程。教育学原理专业 2000 年获批博士学位授予权，2003 年获批教育学一级学科博士学位授予权及博士后流动站。教育科学学院于 2009 年成为教育部首批教育博士专业学位研究生培养试点单位，2010 年成为教育部专业学位研究生教育综合改革试点单位。教育学一级学科于 2013 年获评广东省重点攀峰学科，2015 年入选广东省高水平大学重点建设学科群"面向教育现代化重大需求的教育学科群"，2018 年入选广东省"世界一流学科建设"学科，2022 年成为广东省"冲补强"高峰学科。教育学科在教育部学科评估中列 A 类层次，在 2021、2022 年度软科学科排名中均居前 5%。教育科学学院已经建成高水平的研究型学院，在重大平台、重大课题、重大奖项和高层次人才上都实现了突破，并呈现出继续向好的势头。

学院和大学的发展，离不开一批批教育名家和优秀教师的汇聚、努力和付出。自教育系建立以来，林砺儒、高觉敷、罗浚、汪德亮、叶佩华、朱勃、杨荣春、邹有华、周德昌、李锡槐、陈汉才、江月孙等众多名家、名师先后执教于此。教育学科亦因这些教育学名家而散发出生机、活力以及收获了良好的声誉。正是这些教育名家，带领着教育学科向更高水平发展。这些教育名家是学院发展、教师发展、学生发展厚重的精神财富，需要进一步铭记、学习与发扬。习近平总书记在 2023 年的教师节指出："教师群体中涌现出一批教育家和优秀教师，他们具有心有大我、至诚报国的理想信念，言为士则、行为世范的道德情操，启智润心、因材施教的育人智慧，勤学笃行、求是创新的躬耕态度，乐教爱生、甘于奉献的仁爱之心，胸怀天下、以文化人的弘道追求，展现了中国特有的教育家精神。"为了更好地弘扬和践行学院教育家的精神，教育科学学院组织编写"华南师范大学教育名家系列文集"，选择林砺儒、汪德亮、叶佩华、朱勃、杨荣春、邹有华、周德昌、李锡槐、陈汉才和江月孙十位先生的论文和著作节选，展现先生们的教育学术精神、思想和创造，泽被后学，增强年轻学者和学生的学术自信与"躬耕教坛、强国有我"的志向和抱负。这十位教育名家特点鲜明：20 世纪初出生的先生大都留学日本、美国，或毕业于中央大学、中山大学、北京高师等；20 世纪 50 年代后出生的学者没有出国留学，大都毕业于中山大学、华南师范学院。他们爱国、爱人民、爱教育，献身教育，潜心研究，在各自的研究领域独树一帜，在国内教育界影响较大，如林砺儒的师范教育思想和中等教育思想，叶佩华的教育测量统计理论，朱勃的比较教育思想，邹有华的教学论思想等。

期待教育科学学院能涌现出更多的教育名家以及具有教育家精神的学者、教师，期待这个系列文集会编得越来越丰富、越来越精深。

李盛兵

2023 年 11 月 1 日

前言

一、引子

1982年3月，我就读于华南师范学院（简称"华南师院"）数学系。即将毕业之际，我选择了数学系汤尚勇教授作为本科论文的指导老师。与汤教授商讨的论文选题中有一个是"统计方法在教育测评中的应用"。汤教授跟我说，华南师院的图书馆馆长、时任华南师院广东省教育科学研究所所长的叶佩华教授是这方面的权威，他很务实，所以汤教授推荐我向叶教授请教。

汤教授带着我去了华南师院北区的一栋小别墅拜访叶教授。一位即将毕业的本科生，为本科论文选题去见一个德高望重的教授（当年的正教授在学校中可谓屈指可数、凤毛麟角）。我既好奇，又高兴，但更多的是忐忑不安。一位教授见一个还没有毕业的大学生，会是怎样的结果呢？叶教授会是怎么样的人呢？他会与我对话吗？

叶佩华教授当年刚满70，并且刚刚经历了中风的疾病，右半边身体偏瘫，生活只能半自理，但思维依然非常清晰。他高兴地接见了汤教授与我，没有一点儿架子。他给我的感觉就是一位学识渊博、待人和蔼可亲、让人有亲切感的父辈人物。

他很详细地问了我的学习状况及修习的课程，平时读了哪些课外书，有哪些工作、学习、生活经历。然后他推荐我学习一些关于教育统计与教育测量的专业书籍，并以他担任过华南师院图书馆馆长的专业知识，详细地告诉我如何在图书馆找书，让我在读书过程中有问题时可以直接去他的住处找他。

谁曾想，此时的一见，开启了我人生的新篇章——让我从此走上了开展教育与心理统计、测量的理论方法研究以及实践应用的人生路。

在获得叶先生的认可后，我受组织委派，自1982年7月起成为叶佩华教授的学生、助手。我在叶先生的指导下学习、工作，陪伴了叶先生7年。

二、叶佩华先生其人

叶佩华先生，1912年4月18日出生于湖北省蒲圻县（今赤壁市）。1937年，毕业于北京大学教育系。1945年，赴美留学，专攻教育统计与测量。1946年，获明尼苏达大学硕士学位后回国，任中山大学教授。1951年，院校调整后任华南师院教授，历任教务长、图书馆馆长和教育科学研究所所长等职，工作37年，直至1989年9月26日病逝，终年78岁。

叶先生毕生从事教育事业，致力于将统计方法应用于教育研究中，为我国的教育统计学科（教育研究方法）的发展做出了卓越的贡献，在教育学界享有崇高的声望。

在中国教育学的发展初期，教育研究方法明显落后于西方，其落后的一个重要特征是质性研究多，量化研究不足，特别是教育统计与测量学的落后。叶先生在北京大学教育系就读期间，对辅修的数学科目有极大的兴趣和投入。留美学习期间，叶先生对国际上先进的教育科学研究方法有了新的认识：量化的研究方法对教育科学研究至关重要。

叶先生秉持着"引进、消化、洋为中用、本土化"的思想，在教育统计学领域发表了多篇具有较高研究水平和学术价值的论文，出版了多部对国内教育统计学发展有重要推进意义的专著译著，培养了一批为祖国教育事业发展进步做出卓越贡献的研究者和实践者。

三、叶佩华先生其事

1. 中国教育统计恢复和发展中的重大贡献

在1946年叶先生回国前期，中国的教育统计几乎是一片空白。叶先生立志要用他所学到的知识来推进国内教育统计学的进步和发展，追上世界教育科学研究发展的步伐。

在任职中山大学教授期间，叶先生为建立教育统计与测量学课做了大量开创性的工作。同时，他潜心著述，发表了《Weber's Law 与 Fechner's Formula 的考验》和"Test of Randomner's on Fisher's Random numbers"等论文。

1951 年院校调整，叶先生调任华南师院教授兼副教务长，在行政和学术研究上双线发力，为华南师院的建设、广东教育事业的发展做出了突出的贡献。1955 年，他与曾如阜教授合作，撰写了《初中数学教学法（总论部分）》，《初中数学教学法》作为师范院校数学系教材，由人民教育出版社出版发行。

叶佩华先生任教期间主讲了教育统计、高等统计等课程。在教学中，叶先生强调学习教育科学研究方法，一定要懂数学，如微积分、高等代数等，数理统计更是必修课程。在国内教育学发展初期，许多搞教育学研究的人认为通过了假设检验之后的统计假设就必然为真，但实际上仍有众多因素会导致假设为假。这种因对理论背景不熟悉而导致误解的现象非常多。叶先生因此引入了统计功效的知识，使得统计假设检验中可能会出现的"弃真"和"取假"这两类错误有了判断标准。

然而，因为一些原因，叶先生被停止了职务和教学多年，直到 1970 年重新担任教职。在 1972 年出任图书馆馆长之后，叶先生重新开展教育统计与测量的研究。他在年轻时立志建立中国的教育统计学科，到了花甲之年依然保持雄心壮志。

改革开放且大学恢复招生后，叶先生敏锐感知到，社会、国家的发展会促进教育事业的发展，教育科学研究的量化必不可少。因此，1979 年叶先生首先在《教育研究》杂志发表署名文章，倡导在全国大学教育系恢复"教育统计学"课程，该建议很快就被教育部采纳。1980 年在获任华南师院广东省教育科学研究所所长后，叶先生创建了全国第一个教育统计与测量研究室。1980 年受教育部委托，主编全国高校教师统编教材《教育统计学》。1982 年经国务院学位委员会批准，在全国第一个获得"教育科学研究法"硕士授予点。自 1982 年起，叶先生在《教育研究》等各类学术刊物上发表了多篇具有学科发展前瞻性的学术论文，并主持编写了一系列研究生教材，翻译了多部外文专著。他在学科建设上进行了近期和远景规划，使学科的总体学术水平不断提高，成为广东省重点学科之一。

1981 年，为了更好地团结全国的专业力量，叶先生倡导筹建了全国教育统计与测量研究会，使全国的教育科学研究者能够汇聚到一起，共同促进教育统计与测量学的发展。不为名利，他积极谋求中国教育学会的批准，最终于 1988 年获得正式批准成立。在全国教育统计与测量研究会成立之际，叶先生以年事已高为由主动提出不担任理事长，让较为年轻的同志担任要职，以利于工作开展。

2. 在人才培养方面的贡献

因为教育统计学教师紧缺，1982年教育部委托华南师院，以叶佩华先生为主讲导师，举办了全国教育统计学首届师资培训班。来自全国20多所院校教育系的40多名教师聚在一起，在叶先生的亲自授课和示范下，研讨、学习、互相交流、观摩课程、集体备课，整个学习时间长达三个月，他们均顺利获得了教育部颁发的结业证书，后来，这批教师都受到了各高校的重用，成为高校教育系里的中坚骨干力量，填补了全国大学教育系教育统计学课程师资的匮乏。因此，叶先生总喜欢称这是高校教师"教育统计学的黄埔一期生"。

叶佩华先生在努力推动教育统计学向前发展的同时，还培养了一批年轻的教育科学研究人员，给中国的教育科学事业注入了更多的新鲜血液。在叶先生指导下工作的教学和科研人员以及招收的研究生，叶先生都要求他们不仅要有良好的数学和科学基本功，而且要将数学、统计学的理论与教育相结合，让量化分析在教育科学研究中更加科学可行。他培养的学生中，有较多学生在教育统计与测量领域中获取了较高的学术声誉和成果，为中国教育统计与测量学的发展发挥了举足轻重的作用。

四、叶佩华先生其像

叶佩华先生的一生，从潜心求学到为学科建设砥砺前行，再到扶掖后人、延续学科发展、培养人才，为学科发展呕心沥血，鞠躬尽瘁。叶佩华先生的品格值得我们后来者永远学习借鉴。

总结叶佩华先生的学术成就及人生，尝试归纳如下：

（1）宽以待人，严于律己。
（2）对学科知识保持高度关注，对学科发展中的科学知识永葆好奇心。
（3）只认真理，只认学理，不唯上、只唯实的学术品格。
（4）领导者风范：既坚持原则，又能灵活处理有利学科发展的各种要件。
（5）甘做人梯，不遗余力扶持后辈。

张敏强
2023年5月10日

编者的话

一、本书主要包含中国知网所录、读秀知识库的论文。

二、本书收录叶佩华教授20世纪40到80年代的代表性论文和相关著作的前言，共计20篇。内容涉及教育统计、教育测量等领域的研究。

三、本书文章的编排按发表的时间为序。

四、本书各篇篇名均采用原标题。

五、原著者置于篇末的注释，本书编者将其改为脚注形式。

六、原印本中的漏字、错别字，经编者校勘后均一一订正。

目 录

001　　　　1948

003　　　　Weber's Law 与 Fechner's Formula 的考验（附表）

015　　　　1951

017　　　　两个新的差异量数之商榷
021　　　　论算术口试题的选择

025　　　　1955

027　　　　初中数学教学法（总论部分）

031	**1979**
033	教育统计在教育系课程设置中的地位
039	**1981**
041	教育研究中的实验设计
049	**1982**
051	《教育统计》评介
054	《教育统计学》（前言）
056	教育统计学的产生，现状及发展趋势
061	**1983**
063	正确计算多科考试成绩的方法
069	常用数理统计计算程序库（Ⅰ）（Ⅱ）
075	教育科学研究新途径的探索

083　　　　　　　1984

085　　　常用数理统计计算程序（Ⅱ）
088　　　中国教育统计学研究会（筹）工作汇报
094　　　浅谈《实验的设计和分析》
098　　　对广东省一九八三年高考成绩的若干统计分析
109　　　关于高考录取分数线问题的探讨
112　　　利用现代数学研究教育科学的探索

121　　　　　　　1985

123　　　因素分析法程序（特征值法）

127　　　　　　　1989

129　　　教育实验设计简论

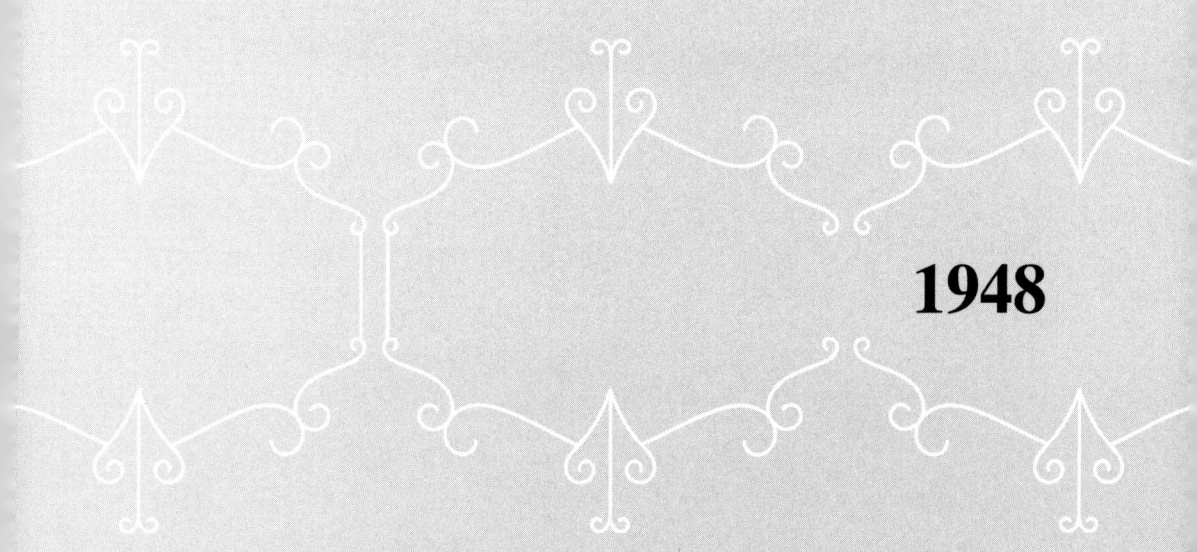

1948

1948

Weber's Law 与 Fechner's Formula 的考验（附表）[①]

一、导言

1. Weber's Law 与 Fechner's Formula

远在很久以前，韦伯（Weber）在心理学上有一个很大的贡献，那就是举世闻名的 Weber's Law[②]。他发现在比较两个物体而观察其间的差异时，我们所知道的，不是物体间的差异，而是这种差异与那比较的物体的大小之比。举例来说：假如我们用举重来比较两个物体，一个重 30 磅[③]，一个重 29 磅，我们对于其间差异判别的敏锐程度和判别 30 克和 29 克两个问题相同。因此，他介绍了"恰恰可以看得出的差异"（just noticeable difference，简写为 j. n. d.）的观念。用数字的符号来说明，Weber's Law 为：

[①] Weber's Law 即韦伯定律，Fechner's Formula 即费希纳公式。
[②] TITCHENER E B. Experimental psychology（vol. 2, pt. 2）[M]. New York: Macmillan, 1905: xv.
[③] 磅，英制单位，1 磅 ≈ 453.59 克。

$$\frac{\triangle R}{R} = K \text{（常数）}$$

其中 $\triangle R$ 是 R 刺激的 j.n.d.，K 为常数。这就是说，只要 K 不变，一个人能够判别物体间的差异之敏锐程度，常常是相同的；被观察的物体间之差异，才恰恰可以看得出。

Weber's Law 说明了 j.n.d. 与刺激的关系；费希纳（Fechner）则进一步假定一切 j.n.d. 都是相等的，因此可以作为感觉尺度（sensory scale）上的一个单位，经过积分以后，成为 Fechner's Formula：

$$S = K \log\left(\frac{R}{r}\right)$$

其中的 S 是感觉的强度；R 是刺激的力量，以刺激的绝对阈限（absolute threshold stimulus）为单位；K 为常数乘数，随刺激的种类及观察者而定；r 为刺激阈限值（liminal stimulus value）。简单来说，当 K 按几何级数来增加时，S 是按算术级数来增加的。

2. 我们的问题

我们的问题是：

（1）标准刺激（standard stimulus）的强度与比较刺激（comparative stimulus）的比较增加，是否二者之间确如 Weber 所假设，有一种直线函数（linear function）的关系呢？假如有的话，我们要考验它的重要性。

（2）在差别阈限（difference limen）的范围之内，刺激大小与感应强度（intensity of sensation）有无相关？它的重要性又如何呢？

将上面的问题换作统计上虚无假设，便成为：

（1）不同标准刺激组所需要之反应时间是一样的。或是说 $H_1: d = 0$。

（2）在差别阈限的范围之内，刺激大小与感应强度并无关联，或是说 $H_2: \rho = 0$。

3. 有关的重要文献

关于上面所举的问题，曾经有许多人分别做过实验，想加以验证或推翻他们的主张，现在分为 Weber's Ratio[1] 与 Fechner's Law[2] 两方面来加以检讨。

（1）Weber's Ratio。肯尼斯（Kenneth）与索利斯（Thouless）[3] 发现在微弱的听觉方面，Weber's Law 根本不相符合。

---

[1] Weber's Ratio 即韦伯比率。
[2] Fechner's Law 即费希纳定律。
[3] KENNETH J H, THOULESS R H. Relationship between the absolute and differential thresholds for an auditory stimulus [J]. The American journal of psychology, 1930, 42 (3): 389–398.

布什（Bush）与奥斯汀（Austin）① 应用增加水流的方法来做比较的第二个刺激（secondary stimuli）时，其结果不适用 Weber's Law。

约翰逊（Johnson）与曹（Tsao）② 发现 Weber 比率自 5.58% 变到 29.28%，并不是一个常数。

特尔福德（Telford）与登克（Denk）③ 认为 Weber 常数 K 根本不是常数，乃是比较刺激的绝对强度之函数。而不同强度可以使得 K 由 10% 变到 58%。

霍尔伟（Hollway）与普拉特（Pratt）④ 发现在视觉、听觉、嗅觉、味觉等各方面，Weber 比率都是 K 的一种特殊的因变的与可重生性的函数（specific dependent and reproducible function）。

赫尔姆赫兹（Helmholtz）⑤ 发现 Weber's Law 不能应用到视觉；奥伯特（Aubert）⑥ 也发现所谓 Weber 比率若应用到视觉方面时，便由低微视觉强度的 $\frac{1}{3}$，变至高视觉强度的 $\frac{1}{164}$。

另外有许多观察者如伦兹（Renz）与沃尔夫（Wolf）⑦ 却承认听觉感应比率（auditory sensitivity ratio）为 $\frac{1}{10}$ 的说法。

(2) Fechner's Law。Fechner 假定一切 j. n. d. 皆相等，在原则上不能获得许多心理学家支持，他们说：

第一，"恰恰可以看得出的"（just noticeable）并不一定是"相等的看得出的"（equally noticeable）的意思。

第二，"相等的看得出的"（equally noticeable）不一定是"相等"（equal）的意思。

---

① BUSH A D, AUSTIN A M. Weber's law as tested by flowing increments [J]. The American journal of psychology, 1924, 35 (2): 230 – 234.

② JOHNSON P O, TSAO F. Factorial design in the discrimination of differential Limen values [J]. Psychometrika, 1944, 9 (2): 107 – 144.

③ TELFORD C W, DENK W E. The inconstancy of the Weber-Fechner "constant" for audition [J]. Journal of experimental psychology, 1935, 18 (1): 106.

④ HOLWAY A H, PRATT C C. The Weber ratio for intensive discrimination [J]. Psychological review, 1936, 43 (4): 322.

⑤ GUILFORD J P. Psychological methods [M]. New York: McGrawl Hill Book, 1936: 136.

⑥ MURCHISON C. A Handbook of general experimental psychology [M]. Worcester: Clark University Press, 1934: 760 – 774.

⑦ BORING E G. Sensation and perception in the history of experimental psychology [M]. New York: D. Appleton-Century Co., Inc, 1929.

Fechner 主张以 j. n. d. 为测量的单位，纯粹是因为在内省方面，j. n. d. 好像是一个常数值。

松本（Matsumoto）① 的研究与 Weber-Fechner's Law② 大致相合。

穆勒（Muller）③ 对于 j. n. d. 的观念有更清晰的批评，他说：假如我们想要找出，相等的可以看得出的 S 增量（S-increment）加到不同强度的感应 S，是否获得同样的大数量？我们将先问，绝对的 S - 强度本身，是不是不被看为"附带物"（attendant circumstance）？其实对于 S 增量的可以看得出性来说，它是十分重要的……重要之点就是我们能否肯定她决定这个问题？感应差异（sensation difference）与感到的差异（sensed difference）有何关系？特别是在其他许多事物中，这种因变的关系是否不受绝对的 S - 强度的影响（或刺激 R 的潜伏于身体方面的强度）？因此所谓相等的看得出的 S - 强度之相等性"不一定是不可能，然而毕竟是不能加以证明的"（Zwar nicht unwahrscheinlich, aber doch nicht sicher erwiessen）。

在答复 Johnson 的问题"Fechner 能测量内省的感应吗？"④ 时，博林（Boring）⑤ 对于应用 j. n. d. 作为 S 的尺度单位，仍不能证其为对。

总之，Weber 和 Fechner 的两条定律，至今仍不能得一定论，虽然有人说 Weber's Fraction⑥ 不是常数，然而就统计的观点来说这种差异是否重要呢？j. n. d. 诚然不能作为客观的单位，我们可不可以找出其他的东西来代替它，然后看 Fechner's Law 是否成立呢？

二、实验设计与结果分析

1. 实验设计

为了避免关于主观判断方面的争执，在本实验中我们绝对不用 j. n. d.，而用"反应时间"（reaction time）作为测量感应快慢的单位，我们的假定是：反应时

---

① TITCHENER E B. Experimental psychology（vol. 2, pt. 2）[M]. New York: Macmillan, 1905: 376.

② Weber-Fechner's Law 即韦伯—费希纳定律。

③ TITCHENER E B. Experimental psychology（vol. 2, pt. 2）[M]. New York: Macmillan, 1905: xxvi.

④ JOHNSON H M. Did Fechner measure "introspectional" sensations? [J]. Psychological review, 1929, 36（4）: 257.

⑤ BORING E G. Did Fechner measure sensation? [M]. Psychological review, 1928, 35（5）: 443-445.

⑥ Weber's Fraction 即韦伯分数。

间愈长，差异愈不易辨别，换句话说，反应时间愈长，感应的强度愈弱。

在本实验中，我们取不同长度的线段作为标准线段，其长度分别为 200 mm、100 mm、50 mm、20 mm、10 mm 与 5 mm。并采用四种不同的比率如 10%、5%、2%、1%，增加于各标准线段，以成比较线段，因此可得 24 条比较线段。然后拿相当的标准线段和比较线段作为一组，共得 24 组，同时将这 24 组线段各用平行及直线式排列，因此得 48 组，但就比率来说，有 4 组不同的比率；就标准线段的绝对长度来说则仍为 6 种。至于这 48 组线段的出现次序完全用抽签法（method of lottery）①，而加以机遇化（randomize）。为了考验这种测验的可靠性（reliability）起见，我们在第一次测验的一礼拜后，又举行同样的测验一次，在这第一、第二两次测验中，不管受试者的判断是否正确，我们只将其反应时间记下，要是那个判断是错误的，我们就在那个反应时间的右上方加一（一）号注明。

2. 结果

在这个实验中，我们任意找了 6 个受试者；其中 5 个是中国人，1 个是美国人。他们都是研究生，其所学部门分别为教育行政、统计、化工、地质、园艺及植物育种。

因为原始记录表比较繁杂，所以就不同的比率及标准线段长度分别归并如表 1 和表 2。

表 1　鉴定不同标准线段组所需之平均反应时间表

（单位：秒）

受试者		200 mm	100 mm	50 mm	20 mm	10 mm	5 mm	平均数
第一次	1	1.725	2.200	2.725	3.650	3.875	4.075	3.042
	2	1.675	2.150	2.800	3.725	3.650	4.175	3.029
	3	2.525	2.800	3.150	3.425	3.800	4.225	3.321
	4	2.775	3.475	4.100	4.175	5.100	5.925	4.258
	5	2.150	2.575	3.025	3.500	3.700	4.275	3.204
	6	1.900	2.650	2.750	3.800	3.400	3.775	3.046
	平均数	2.125	2.641	3.092	3.713	3.921	4.408	3.310
第二次	1	1.875	2.075	2.575	3.100	3.475	4.050	2.860
	2	1.750	2.075	2.700	2.875	3.700	3.525	2.770
	3	2.525	3.125	3.325	3.375	3.600	4.725	3.612

---

① LINDQUIST E F. Statistical analysis in educational research [M]. Boston: Houghton Mifflin, 1940.

续上表

(单位：秒)

受试者		200 mm	100 mm	50 mm	20 mm	10 mm	5 mm	平均数
第二次	4	2.925	3.800	4.500	4.750	3.825	6.450	4.375
	5	1.950	2.640	3.125	3.850	3.775	4.525	3.311
	6	2.125	2.600	3.125	3.425	4.200	4.700	3.362
	平均数	2.200	2.720	3.225	3.562	3.762	4.662	3.355

表2　鉴定不同比率组线段所需之平均反应时间表

(单位：秒)

受试者		10%	5%	2%	1%	平均数
第一次	1	1.880	2.820	3.415	4.065	3.045
	2	1.815	2.880	3.245	4.895	3.209
	3	2.445	3.245	3.615	3.730	3.209
	4	2.895	3.765	5.080	5.185	4.231
	5	2.130	2.565	3.550	4.565	3.203
	6	2.045	2.665	3.165	3.915	2.948
	平均数	2.200	2.990	3.618	4.393	3.308
第二次	1	2.350	2.410	3.230	3.465	2.614
	2	2.145	2.415	2.980	3.315	2.714
	3	2.545	2.450	3.660	4.250	3.225
	4	3.595	4.530	5.295	5.815	4.808
	5	2.330	2.795	3.730	4.310	3.290
	6	2.215	2.780	3.310	5.345	3.410
	平均数	2.530	2.897	3.700	4.416	3.355

3. 测验的可靠性

用 Jackson 的方法来探讨本测验的可靠性时[1]，

$$\gamma = 3.003 \ (\eta < 0.003)$$

---

[1] JACKSON R W B, FERGUSON G A. Studies on the reliability of tests [J]. University of Toronto department of educational research bulletin, 1941.

换用可靠系数时，

$$\rho = 0.90$$

若是分开受试者、标准线段与比率三方面来说，我们获得下面的结果。

（1）不同的受试者之间：就练习的效果来说，$F = 4.7$（$n_1 = 1$，$n_2 = 5$）比 5% 重要性点 6.61 还小，所以我们的虚无假设成立；就受试者的差异来说，$F = 19.05$（$n_1 = n_2 = 5$）比 1% 重要性点 10.97 还大，因此我们的结论是，这些受试者对于这个测验发生了不同的反应。

（2）不同的标准线段组之间：就练习的效果来说，$F = 14.5$（$n_1 = l$，$n_2 = 5$）比 5% 重要性点 6.61 大，但比 1% 重要性点 16.26 小，因此我们对于练习不发生效果的假设发生怀疑，我们既不能接受也不能拒绝，就标准线段的差异来说，$F = 836$（$n_1 = n_2 = 5$）即不同线段组所需的反应时间，有重要性的差别。

（3）不同的比率组之间：练习效果方面的 $F = 1.03$（$n_1 = 3$，$n_2 = l$）比 5% 重要性点 2.25 小，因此虚无假设成立，就比率来说 $F = 344$（$n_1 = 3$，$n_2 = 3$）比 1% 重要性点 29.46 大，因此不同比率组所需之反应时间也是有重要的差别的。

4. 不同标准线段间反应时间差异重要性之分别研究

由于前节①的结果，我们知道练习并没有效果，而且我们所要考验的假设是：假如比率是相同的，不同标准线段组所需的反应时间，并无差异。所以我们再将第一、第二两次的结果合并，得表 3（为了免除更多的小数位，所以不用第一、第二两次的平均数）。

表 3　鉴定不同标准线段组所需之反应时间表

（单位：秒）

受试者	200 mm	100 mm	50 mm	20 mm	10 mm	5 mm	平均数
1	3.600	4.275	5.300	6.750	7.350	8.125	5.902
2	3.425	4.225	5.500	6.600	7.350	7.700	5.904
3	5.050	5.925	6.475	6.800	7.400	8.950	7.766
4	5.700	7.275	8.600	8.925	8.925	12.325	8.963
5	4.100	5.215	6.150	7.350	7.475	8.800	6.264
6	4.025	5.250	5.875	7.225	7.600	8.475	6.401
平均数	4.325	5.361	6.317	7.275	7.683	9.073	6.665

附注：本表各数分别为第一、第二两次各平均数之和。

---

① 这里指前文"3. 测验的可靠性"部分。

兹先将邻近的两个不同标准线段组所需之反应时间加以比较，并将其重要性的考验结果列表4。

表4　邻近两组的反应时间差异之重要性

项目	200 mm与100 mm	100 mm与50 mm	50 mm与20 mm	20 mm与10 mm	10 mm与5 mm
差异之平均数	1.031	0.956	0.958	0.408	1.390
标准误差	0.1539	0.1310	0.2066	0.1862	0.4339
t	6.700	7.298	4.637	2.191	3.204
或然率	$P<0.01$	$P<0.01$	$P<0.01$	$0.05<P<0.10$	$0.02<P<0.05$
拒绝或接受虚无假设	拒绝	拒绝	拒绝	接受	怀疑

d.f. = 5

$P_{0.05}=2.571$，$P_{0.02}=3.365$，$P_{0.01}=4.032$，$P_{0.10}=2.015$

由表4所列的结果，我们知道，除了最末的两个邻近组，因为标准线段的绝对长度差异比较小，所以在反应时间方面，不能有重要性的差异外，其除三个组的结果，都使我们在1%的信心层级来拒绝虚无假设。

现在我们进一步地讨论非邻近两组反应时间差异的重要性，其结果如表5。

表5　非邻近两组的反应时间差异之重要性

项目	100 mm与20 mm	50 mm与10 mm	50 mm与5 mm
差异之平均数	1.914	1.366	1.798
标准误差	0.240	0.267	0.344
t	7.975	5.116	5.227
或然率	$P<0.01$	$P<0.01$	$P<0.01$
拒绝或接受虚无假设	拒绝	拒绝	拒绝

由表5的结果，我们知道这三个非邻近两组的反应时间差异，都是在1%的重要性的层级。

总括起来说Weber的假定，就统计上的观点来说，似乎是不能成立的。

5. 刺激与反应强度的关系

比较不同的线段组，虽然发生了不同的反应时间，究竟二者之间有没有关联呢？现在先将这两种数量分别写下来，然后用积差相关法，来求它们的关系。

感应强度是根据反应时间，而以秒为单位的。

$$S_1 = 4.325, \quad S_2 = 5.361, \quad S_3 = 6.317,$$
$$S_4 = 7.275, \quad S_5 = 7.683, \quad S_6 = 9.073$$

标准线段是以 mm 为单位的。
$$R_1 = 200, \quad R_2 = 100, \quad R_3 = 50$$
$$R_4 = 20, \quad R_5 = 10, \quad R_6 = 5$$

为了计算的方便，我们将标准线段的长度，改用常用对数，因此，
$$\log R_1 = 2.30103, \quad \log R_2 = 2.00000, \quad \log R_3 = 1.69897,$$
$$\log R_4 = 1.30103, \quad \log R_5 = 1.00000, \quad \log R_6 = 0.69897$$

$$\gamma = \frac{54.89615 - 59.9850}{\sqrt{281.7228 - 266.5334}\sqrt{15.3660 - 13.5}}$$
$$= \frac{-5.0889}{3.898 \times 1.367} = -0.955$$

但是，这个所得的相关系数之重要性如何呢？我们且来计算它的 t 值①。

$$t = \frac{-0.955}{\sqrt{1-(-0.955)^2}}\sqrt{6-2} = \frac{-0.955}{0.2966} \times 2 = -7.292$$

$$\text{d.f.} = 4$$

参照 t 表，得 $P_{0.01} = 4.604$。所以，我们所得的相关系数（-0.955）是在 1% 的重要性层级的。

6. 方程式的配合

由上面所得的积差相关系数（-0.955）和它的重要性看来，我们知道，在它们之间，存有一种直线相关的关系，所以我们可以用下面的方程式来描述它们的关系。

$$S = C + K \log\left(\frac{1}{R}\right)$$

S 为感应强度，R 为刺激强度，C, K 为两个不同的常数，为了要将这个方程式配合于我们的材料，假定 z 为剩余值，那么

$$z = S - C - K \log\left(\frac{1}{R}\right)$$
$$z^2 = S^2 + C^2 + K^2 \left[\log\left(\frac{1}{R}\right)\right]^2 - 2CS + 2CK\log\left(\frac{1}{R}\right) - 2KS\log\left(\frac{1}{R}\right)$$
$$\sum z_i^2 = \sum S_i^2 + \sum C^2 + K^2 \sum \left[\log\left(\frac{1}{R_i}\right)\right]^2 - 2\sum CS_i$$

---

① 沈有乾. 实验设计与统计方法 [M]. 上海：中华书局，1945.

$$+2CK\sum\left[\log\left(\frac{1}{R_i}\right)\right] - 2\sum\left[KS_i\log\left(\frac{1}{R_i}\right)\right]$$

$$=\sum S_i^2 + nc^2 + k^2\sum\left[\log\left(\frac{1}{R_i}\right)\right]^2 - 2CZS_i$$

$$+2CK\sum\left[\log\left(\frac{1}{R_i}\right)\right] - 2K\sum\left[S_i\log\left(\frac{1}{R_i}\right)\right]$$

用 C 与 K 来偏微分，而使 $\sum z_i^2$ 之值为最小时，

$$\frac{\partial}{\partial C}\sum z^2 = 2\left(nc + K\sum\log\frac{1}{R} - \sum S\right) = 0$$

$$\frac{\partial}{\partial K}\sum z^2 = 2\left[C\sum\log\frac{1}{R} + K\sum\left(\log\frac{1}{R}\right)^2 - \sum S\log\frac{1}{R}\right] = 0$$

即 $\begin{cases} nc + K\sum\log\frac{1}{R} = \sum S \\ C\sum\log\frac{1}{R} + K\sum\left(\log\frac{1}{R}\right)^2 = \sum S\log\frac{1}{R} \end{cases}$

因此我们得

$$C = \begin{vmatrix} \sum S & \sum\log\frac{1}{R} \\ \sum S\log\frac{1}{R} & \sum\left(\log\frac{1}{R}\right)^2 \end{vmatrix} \Big/ \triangle$$

$$K = \begin{vmatrix} n & \sum S \\ \sum\log\frac{1}{R} & \sum S\log\frac{1}{R} \end{vmatrix} \Big/ \triangle$$

而 $\triangle = \begin{vmatrix} n & \sum\log\frac{1}{R} \\ \sum\log\frac{1}{R} & \sum\left(\log\frac{1}{R}\right)^2 \end{vmatrix}$

由我们实验的结果，得知

$$\sum S = 40.0034$$

$$\sum\log\left(\frac{1}{R}\right) = -0.9$$

$$\sum\left[\log\frac{1}{R}\right]^2 = 15.36$$

$$\sum S\log\frac{1}{R} = -54.8961$$

所以

$$\Delta \begin{vmatrix} 6 & -9 \\ -9 & 15.36 \end{vmatrix} = 92.16 - 81 = 11.16$$

$$C = \begin{vmatrix} 40.0034 & -9 \\ -54.8961 & 15.36 \end{vmatrix} / 11.16 = (614.4521 - 494.0639)/11.16$$

$$= 120.3832/11.16 = 10.788$$

$$K = \begin{vmatrix} 6 & 40.0034 \\ -9 & -54.8961 \end{vmatrix} / 11.16 = (-329.3766 + 369.0306)/11.16$$

$$= 30.6540/11.16 = 2.746$$

所以我们所要求的方程式为：

$$S = 10.788 + 2.746 \log \frac{1}{R}$$

但是因为我们所用的 ΣS，等等，都是第一、第二两次平均数之和，所以就个别的反应时间来说，这个方程式应为：

$$S = 5.394 + 1.373 \log \frac{1}{R}$$

7. 配合情形的考验（Testing of goodness of fit）

上面的方程式，乃是就6个受试者的平均反应时间来配合，而且就每一标准线段来说，每一受试者前后共做16次的判断，所以这种方程式是不是还能适合于单一的情形，是值得考验的。现在任意以第一个人在第一次测验时，对于平行方式的10%比率的测验所需反应时间（$S_1 = 1.0$, $S_2 = 1.4$, $S_3 = 1.8$, $S_4 = 1.8$, $S_5 = 2.0$, $S_6 = 2.4$）来加以考验。

由所得的方程式，理想值应为：

$\overline{S_1} = 2.235$, $\overline{S_2} = 2.648$, $\overline{S_3} = 3.061$, $\overline{S_4} = 3.618$, $\overline{S_5} = 4.021$, $\overline{S_6} = 4.434$

经过计算的结果得：

$X^2 = 4.9347$, d.f. $= 6 - 2 = 4$

而

$0.20 < P < 0.30$

我们的结论是：这种观察所得的值，与理想值之差异，可以归之于随意取样的结果。

假如我们拿表1中第5个受试者在第二次所得的纪录来和理想值比较，我们得 $x^2 = 0.068$, d.f. $= 6 - 2 = 4$, $P = 7.9$。所以拿我们的方程式来配合某一个人的平均反应时间时，其配合的程度可以说非常完善。

三、结论

由上述结果的分析，我们可以得出下列几点结论：

（1）不同标准线段组所需之反应时间，有重要性的差异，因此 Weber 的假定是不能成立的。

（2）刺激的大小和反应所需的时间，是有密切关系的，当我们将刺激的强度，以常数对数表现时，它们之间的关系，可以拿下面的方程式来表示：

$$S = C + K \log \frac{1}{R}$$

S 为感应强度，R 为刺激强度，C，K 为两个不同的常数。

（3）拿上面的方程式和 Fechner's Formula 比较好像是相似的，但其中有很重要的差别。

一是，Fechner 假定 j. n. d. 都是相等的，但这个假定能否存在，本身就有问题。再者这种主观的 j. n. d. 是否能相加（additive）呢？本实验是用反应时间为单位，用不着卷入他们的论战之内。

二是，Fechner 认为 Weber's Ratio，在事实上确如 Weber 所假定的为一种常数，但如 Weber's Law 发生问题，Fechner's Formula 也就跟着不能成立。在本实验中，我们根本放弃这种特定常数的观念，为了比较起见，我们随意选择了几个常数作为比率。

三是，Fechner's Formula 中的 K，是一个根据刺激与受试者二者的常数乘数，但是这两宗事件怎么会混为一起呢？即令其有时会偶合，我们都不得不有两个不同的常数乘数。

四、限制（Limitation）

我们在记下反应时间时，不分其为对为错，尤其是对于那些错的反应，我们并没有加以特别的处置。

1951

两个新的差异量数之商榷

"向劳模×××看齐!"

"向生产英雄×××学习!"

在新民主主义的新中国,和在社会主义的苏联里,这些坚决而有力量的号召,常常是这样的被提出了。不可否认,这些劳模和生产英雄,在他们自己的岗位上,创造出了伟大的成绩,对于新民主主义或社会主义的社会建设,发生光辉的带头作用,这就是革命的英雄主义或集体的英雄主义之具体表现,不同于个人英雄主义。我们这些人在这新社会里,虽然也有或多或少的进步和成绩,可是和劳模或生产英雄比一比时,就明显地显出了距离——很大的距离。

承认距离是一回事,用什么东西来表示这种距离呢?如何计算才合理精确呢?且让我们检阅一下统计学中的各种"差异数量"(measures of dispersion),看看是否能解决这个新的问题。

在统计学中一般讲的有下面四种"差异量数":全距、四分位差、平均差与标准差。前两者是决定一段距离,公式内并不包括所有变值,所以,在理论上讲不是一个适当的测量离势的量数。后两者虽然包括全部变值,但它们都是离中趋势的量数,也不适合目前我们的需要。在新的要求下,笔者打算提出两种新的以英模成绩为标准的差异量数,即:

$$\text{M.D.}_H = \frac{\sum_{i=1}^{N-1}(X_0 - X_i)}{\triangle - 1} \cdots (1)$$

与

$$\text{S.D.}_H = \sqrt{\sum_{i=1}^{N-1}\frac{(X_0 - X_i)^2}{(N-1)}} \cdots (2)$$

其中，M.D.$_H$ 代表以英模成绩为标准的均差，S.D.$_H$ 代表以英模成绩为标准的第二转矩之平方根，X_0 代表英模的成绩，X_i 代表第 i 个人的成绩，N 代表变值的个数。

由公式（1）的分子，可知：

$$\sum_{i=1}^{N-1}(X_0 - X_i) = (N-1)X_0 - \sum_{i=1}^{N-1}X_i$$
$$= NX_0 - \left(\sum_{i=1}^{N-1}X_i + X_0\right)$$
$$= NX_0 - \sum_{i=0}^{N-1}X_i$$
$$= N(X_0 - M)$$

所以，

$$\text{M.D.}_H = \frac{N}{N-1}(X_0 - M) \cdots (3)$$

其中 M 为包括英模成绩在内的算术均数。

由公式（3），计算 M.D.$_H$ 极为简单，但是，在两列不同的数量中，若两列数量的最高成绩（X_0）与其算术均数（M）分别相同，即令其中的 X_i 不能一一对应相等，仍然可以得到相同数值的 M.D.$_H$；所以，为了更深一层地了解其中差异情形，我们不能以（5）式①所得出的 M.D.$_H$ 为满足，要进一步地研究它们的第二转矩。因为，

$$\sum_{i=1}^{N-1}(X_0 - X_i)^2 = (N-1)X_0^2 - 2X_0\sum_{i=1}^{N-1}X_i + \sum_{i=1}^{N-1}X_i^2$$
$$= (N-1)X_0^2 - 2X_0\left\{\sum_{i=1}^{N-1}X_i + X_0 - X_0\right\} + \sum_{i=1}^{N-1}X_i^2$$
$$= (N+1)X_0^2 - 2X_0\sum_{i=0}^{N-1}X_i + \sum_{i=1}^{N-1}X_i^2$$

或 $\sum_{i=1}^{N-1}(X_0 - X_i)^2 = NX_0^2 - 2MNX_0 + \sum_{i=0}^{N-1}X_i^2$

S.D.$_H$ 的值便不完全决定于 X_0 与 M 的值了，它还得受不同的 X_i^2 的值的影响。

---

① 编者注：此处原稿笔误，应为"（3）式"。

为了更具体地说明这些现象，现在举两个简单的例子如下：

例一，设英模成绩为95，其他九人成绩各为70、80、60、50、40、30、60、70、65，试求其 M. D. $_H$ 及 S. D. $_H$。

解：$X_0 = 95$，$\sum\limits_{i=0}^{N-1} X_i = 620$，$N = 10$，

$X_0^2 = 9025$，$\sum\limits_{i=0}^{N-1} X_i^2 = 41650$，

所以，M. D. $_H = \dfrac{10}{10-1}(95-62) = \dfrac{110}{3}$

S. D. $_H = \sqrt{\dfrac{(10 \times 9025 - 2 \times 10 \times 95 \times 62 + 41650)}{(10-1)}} = \sqrt{\dfrac{14100}{9}} = 39.58$

例二，设英模成绩为95，其他九人成绩各为95、65、60、60、50、50、70、50、55，求其 M. D. $_H$ 与 S. D. $_H$。

解：$X_0 = 95$，$\sum\limits_{i=0}^{N-1} X_i = 620$，$N = 10$，

$X_0^2 = 9025$，$\sum\limits_{i=0}^{N-1} X_i^2 = 40100$，

所以，M. D. $_H = \dfrac{10}{10-1}(95-62) = \dfrac{110}{3}$

S. D. $_H = \sqrt{\dfrac{(10 \times 9025 - 2 \times 10 \times 95 \times 62 + 40100)}{(10-1)}} = \sqrt{\dfrac{12550}{9}} = 33.28$

由上面的两个例子看来，尽管它们的 M. D. $_H$ 的值相同，可是 S. D. $_H$ 仍是不同的。例一的 S. D. $_H$ 比例二的要大18.93%。S. D. $_H$ 的计算虽然是复杂些，可是前者更能描述以英模成绩为标准的差异情形。不过，假如所要研究的"整体"（population）是成为"常态分配"（normal distribution）或近乎常态分配时，而 $N = 1000$ 时，M. D. $_H$ 的值便约略等于标准差值的三倍，这一特点，却非 S. D. $_H$ 所能具有的。

究竟 M. D. $_H$ 和 S. D. $_H$ 在实践上有什么价值呢？笔者认为可以分作两方面来说：

第一，英模创造了新纪录时，我们可以利用 M. D. $_H$ 或 S. D. $_H$ 来描述当时一般群众的纪录与英模的新纪录之差异情形；经过了一个相当时期，我们再根据英模的纪录计算第二次的 M. D. $_H$ 或 S. D. $_H$，假如第二次的 M. D. $_H$（或 S. D. $_H$）小于第一次的，那就是表示一般群众工作的成绩有了进步。反之便是退步的现象。至于进步或退步的程度，便由这两次的 M. D. $_H$（或 S. D. $_H$）的差异的大小来决定。

第二，根据当前的情况，我们可以定下一种理想的标准，然后以这种理想的标准为根据来计算 M. D. $_H$（或 S. D. $_H$），经过相当时期以后，我们一方面可以找出我们所已达的最高纪录与理想的标准之相差情形，同时也可以知道全体群众的

进步程度。

总之，在我们不断地提高文化水平和奖励优越生产记录的新社会里，这儿所提出的两种差异量数，似乎可以负担着检查的责任，加上它们的计算方法简单，容易为群众所接受，也正符合了列宁在1918年《苏维埃政权的当前任务》文告中的伟大指示："在资本主义社会中，统计学乃是官方人员或少数专家们的特殊研究对象；但是我们却应当把它贯彻到群众中去，把它普及化……"

最后，笔者在这里要特别申明的是：这种新的差异量数的提出，用意是使我们的统计学能适应新社会的要求，使它容易普及到群众中去；并且希望因此获得海内外的统计学者之指正。

1950年10月于中山大学

论算术口试题的选择[*]

依照教育部的指示，算术试题中应包括一部分口试题。教育部在《学校管理》小册子中说："口试题应根据三、四年级课程纲要中所指出的各种主要类型选出。"

口述题的选择，往往难住了许多教师。本文的目的就是帮助他们解决这个问题。

在三、四年级课程纲要中各种主要类型的问题，有：简单的三项定则即单比例问题，配分比例问题，和差问题，有关反向运动和同向运动的问题，消元法问题，复杂的三项定则问题，求算术平均，求某数的部分数值，由某数之部分数值求某数，求面积和体积，百分法，等等。

单比例问题可以出这种题目：

（1）用 270 卢布买得 9 公尺[①]的布，问买 12 公尺要多少卢布？

（2）270 卢布买得 9 公尺的布，问 360 卢布可买多少布？

（3）12 公斤[②]的面粉可以制成 16 公斤的面包，60 公斤的面粉可制面包多少斤？

---

[*] 本文作者为 T. B. 皮尔亚克，叶佩华译。
① 公尺，公制长度单位，1 公尺 = 1 米。
② 公斤，公制重量或质量单位，1 公斤 = 1 千克。

配分比例问题可举出下列三例：

（1）以 630 卢布买得同样布料二段，一段 9 公尺，一段 12 公尺，问每段各值多少卢布？

（2）两段同样的布料，共长 21 公尺，一段值 270 卢布，一段值 360 卢布，问每段各长若干公尺？

（3）用 630 卢布买得长短相同的棉布及绵绸各一段，棉布每公尺 9 卢布，绵绸每公尺 12 卢布，问棉布及绵绸各付了多少卢布？

关于两数差的问题，也有三种形式：

（1）买了两段质料相同的布，第一段 9 公尺，第二段 12 公尺，但知第二段比第一段要多付 90 卢布，问每段各值若干？

（2）买了两段质料相同的布，第一段值 270 卢布，第二段值 360 卢布，但知第二段比第一段长 3 公尺，问两段各长若干？

（3）买了长度相同的棉布和绵绸各一段，棉布 9 卢布一公尺，绵绸 12 卢布一公尺，但知绵绸比棉布多付了 90 卢布，问棉布及绵绸各付多少卢布？

此外，由于问题中各数字的组成关系，每一类问题可有各种各样的内容。在前面所举的单比例问题中，出现着下面的数字，如：价目—物品的数量—总值；某种物品的重量—物品的数量—总重量；每日出产量—每日工人数—总生产量；车行速率—车行时间—行驶的路程；等等。总之，题目是可以多种多样的。

为了使口试题能够充分表现学生的经验和技巧，可以就那些比较容易的问题，引进补充材料，使其所含条件较为复杂。例如单比例问题可以增加其复杂性，使之成为下列形式：

（1）有一天，载重车在路上行驶 6 小时，计 240 公里①，第二天以同一速率行驶了 15 小时，问两天来共行驶若干公里？

（2）载重车须行驶 840 公里，但知它在 6 小时中行驶了 240 公里，设以同一速率来行驶所余的路程，问需要若干小时？

求某数的部分数值的问题也可以引入若干补充条件。举例：

有一长达 400 公尺的沟渠必须挖通，第一天工人挖了全沟渠的 3/8，问他们这一天挖了若干公尺？

这样的题目，若用来考验学生是否完成了升入五年级的准备，显然是太容易了，必须使之复杂化。如：

（1）有一长达 400 公尺的沟渠必须挖通，第一天工人挖了全沟渠的 3/8，第二天挖了所余的 1/2，问他们在第二天挖了若干公尺？

---

① 1 公里 = 1 千米。

（2）有一长达 400 公尺的沟渠必须挖通，第一天工人挖了全沟渠的 1/4，第二天挖了全沟渠的 3/8，问两天来他们共挖了若干公尺？

面积和体积的计算、百分法的计算等，也同样可使之复杂化。如：

（1）蔬菜存储箱长 20 公尺，宽 4 公尺，高 3 公尺。设全箱之半为蔬菜所占据，而每一立方公尺的蔬菜重 250 公斤，问存储箱中的蔬菜共重若干？

（2）工厂计划年产机器 600 部，若超额完成 20%，问出产了机器若干部？

至于比较困难的问题，就不必再加补充条件使之复杂化。若干特殊困难的问题，甚至还应该稍微变得容易些。根据实验结果，许多学生都被同向运动的计算所难住，所以，这类问题应该简化到不超过两个步骤以上的演算。例如：

载重车以每小时 45 公里的速度驶出乡村，当其行驶 30 公里后，一部摩托车以每小时 60 公里的速度从后面追来，问何时追到？

选择试题，应避免单调，尽可能地多多变化题目内容。同时，问题的条件必须是学生所能接受和了解的，不应采用困难和少见的生字与成语。

关于应该采用哪种数字，《学校管理》小册子中曾说："问题中的数目，应该是学生能够口头计算的。"教师必须严格遵守这种指示。

口试题的数目，应该是千以内的整数，而且应该便于学生口头计算。至于那些比较复杂和困难的问题，其所用的数目更应限于百以内。以计算算术平均为例，它通常包括了五个步骤，因此，这种问题应采用百以内的较小数目。总之，问题越难，所采用的数目越要容易计算。

口试题的正确选择，对于正确估计儿童的算术知识而言，是有重大意义的。因此，我们选择这种问题时，必须多多注意。

（叶佩华节译自苏联《初等学校》杂志 1950 年 4 月号）

1955

初中数学教学法（总论部分）

一、前言

这本书是七年制中学数学的教学法教科书，是师范专科学校物理数学科的学生们所用的。

作者们认为教学法教科书不应该是数学教学中每一个问题的方法集编，但仍然认为必须用具体的材料来陈述大纲中的绝大多数的问题。从这个原则出发，这本教科书就这样地来构成，使得在每一个部门里的读者都会熟识基本观念，熟识每一个项目的特殊性及其在总的教学计划内的意义。

书中全部材料的陈述是符合于现行学校大纲的，是符合于学校教科书及师范专科学校的教学法教学大纲的。

这里，作为各个问题的陈述的基础的是最优良的教学部的工作经验。作者们认识到，这本教科书是不免有缺点的，但仍然一样希望它可以帮助学生们及青年教师们去解决数学教学上的原则问题并从而使得他们的学习和工作变得更容易。

作者们以深挚的感谢来接受读者们的指示并将在下一版本中加以考虑。

数学的一般教学法是克列尔舒坦所写的；算术教学法是格斯且

娃所写的；代数教学法是克列尔舒坦所写的；而几何教学法则是席特洛夫斯卡姬所写的；利亚平写了关于数学课的教育工作，关于为知识质量的斗争，关于数学科研室及正负数等各段的部分。此外，参加本书的组织工作的还有：给曼诺维奇（数学的课外工作），亚布哥娃及舒促京娜（关于做圆及四边形的题目）。

列宁格勒城教师进修学院的工作者们的建议有过重大的帮助。

作者们对伯拉基斯教授及夸斯尼可娃教师致以深挚的感谢，他们详细地读过手稿并提供了极其珍贵的修正及补充。

二、引言

苏维埃教育学，在关于青年的共产主义教育的马列主义的一般理论指导下，创造出一系列的儿童的教学原则。这些原则关系到教学材料的选择，它的陈述，教学方法，组织作业，等等。

教授数学时必须奉行这些教育学的基本命题，所以数学教学法应该解决下列三个基本问题。

（1）作为苏维埃中学的教学科目的数学内容是由什么东西组成的，以及学习数学的目的对于整个以及每一个科目的部门来说是怎样的。

（2）在学校中学数学的教学材料时要依怎样的序列来安排它们。

（3）对于最全面最深奥的数学材料的教学要使用怎样的方式和方法。

依据苏维埃学校的经验，数学的教学法确定：初等数学最能服务于学生和数学的发展，帮助他们更深刻地发展唯物论的世界观，服务于学生们的实践性活动的准备。数学的教学法指出，怎样的方法及教学组织形式来保证学生们有最牢固的系统化的及自觉的并在大纲中规定了的知识与熟练技巧。学校教程中哪些部分对学生们来说是最困难的以及怎样使得学生们容易掌握这些部分，数学教学法负责将练习及题目加以系统化，按照它们的难度及重要性加以分类。数学教学法确定了检查性题目及题目的性质，使它们有最大的客观性及真实性去检查学生们的知识与熟练技巧。数学教学法研究、数学科学发展史中哪些材料可以帮助学生们了解科目的目的，数学教学法研究并概括有最好教学效果的数学教师的经验，数学教学法要从数学的发展史中选取哪种材料，既可为学生们所能接受的材料又要向他们说明俄罗斯数学家在科学发展中所占的地位。

数学教学法的问题从来都受到俄罗斯学者即数学家及教育家的关心。

古里耶夫（1837—1902），拉弟舍夫（1850—1911），哥尔见贝格（1837—1902），萧哈·特洛茨基（1853—1923）都为组织教学法的指导书及习题集而工作。作为他们的原则性的命题是：教学的自觉性，学生们的独立工作，教学材料的现实性，与某些侵入俄罗斯学校的外国教育家的反动见解做斗争。

院士古里耶夫（1764—1813），奥斯特洛哥尔斯基（1840—？），拉弟舍夫制定了几何的进步教学法的基础，保卫着几何学上的唯物观点。例如，奥斯特洛哥尔斯基就写过："概念是跟着观察而来的，它是以现实的存在的世界作为基础的。"

斯特兰诺留布斯基（？—1893），舍列面捷夫斯基（？—1919），列别京且夫（1872—1925）都曾经从事于代数教学法问题的研究。

车贝舍夫，奔尼亚可夫斯基，奥斯特洛格勒斯基的议论及工作对于数学教学法的建立有过很大的影响，奥氏写过初等几何的教科书，三角学纲要及关于中学数学教学的一些文章。

在前一世纪①之末出版了广泛知名的吉西略夫的教科书（算术教科书在1884年出版，代数教科书在1888年出版，几何教科书在1892年出版），沙颇舒尼可夫及华尔左夫的习题集，雷布金的三角学。

数学教学的问题经常地出现在特别期刊上的篇幅里，其中最享盛名的有：《物理及初等数学的经验通报》（1917年以前出版的），《数学教育》（从1912到1930年断续地出版）及其他。

参加这些期刊的有下列最主要的数学家：穆洛且也夫斯基，齐士家可夫，舒且尔边娜，华里西里耶夫等教授。至今健存的，有：卡刚，博哥莫洛夫等人。上面说过的期刊上的许多文章，直到今天还是有价值的。

全俄罗斯数学教师第一届（1912年在彼得堡举行），第二届（1915年在莫斯科举行）会议对于中学的数学教学都有过显著的影响。

伟大的十月社会主义革命为在最先进观念的气氛中研究数学教学问题开辟了广泛的可能性，而这里面的许多先进观念是属于我们祖国数学家的代表者的。这些问题中的最本质的是以下这些问题：关于学生函数思维的发展以及与此相连的函数知识的广泛进入大纲之内，理论与实践的联系问题，数的概念的发展，数学材料的马克思主义的阐明。

在苏维埃时代曾经从事于及现在从事于数学教学法的问题的研究的，有下列教授及讲师们：卡文教授（？—1935），伊士伏尔斯基教授（？—1938），伯拉基斯教授（首先写出完全的数学教学法教程的），安得洛诺夫教授，冈盘尼茨教授，巴鲁所夫讲师，诺瓦雪洛夫讲师等。

---

① 指19世纪。

对数学教学法问题给予很大的注意的有：欣金，捷弗特弗鲁欣，亚历山大洛夫，柯莫哥洛夫，马库舍维茨，固察洛夫，别列别尔京教授等。

数学教学法问题的工作吸引了大部分的教师，他们刊行他们的著作并把他们的经验写在中学数学及其他不同的教学法文集上面互相交流。这样，苏维埃数学教学法就以苏维埃数学家，数学教学法家及大量教师们的工作来丰富了自己。

1979

教育统计在教育系课程设置中的地位

"教育统计"作为一门课程来说,在我国高等师范学校教育专业的教学计划中已经被取消了二、三十年。去年①全国文科教学工作座谈会中所制定的《高等师范学校教育系学校教育专业教学方案(草案)》又重新在选修课程中列出了这门课程。这可以说是课程设置方面的不小的改革。回想当初取消它时,虽然没有举出什么理由,但是,据我所知,主要是由于苏联的教育专业中没有开设这门课程,在百分之百学习和照搬苏联教学计划的错误思想指引下,就不明不白地将它取消了。或许认为它是资本主义国家的东西,应予取消吧!现在恢复它,我认为是完全应该的。不过,我觉得还有不足之处,似乎还是恢复它的本来地位列为必修课程为宜。

什么是统计学呢?话得从头说起。统计学是科学方法的一门学问。它可以分为两大类:一是描述统计学,研究简缩数据和描述这些数据;二是推断统计学,研究利用数据去做出决策的方法,即根据部分数据去推断更一般的情况。这是在不肯定状态普遍存在的事物中,依据包含在样本数据中的不完备的信息,做出一系列决策工具的科学,它必然要冒风险(由于我们对系统的真实情况无知引起

---

① 指 1978 年。

的，或由于随机性引起的不确定性，因而在做出决策时是要冒风险的）。但是，由于我们可以通过概率来测度这种不肯定性，还可以通过比较完备的实验设计对它加以控制，推断统计学所做出的决策方法，这样，对于科学研究工作的进行显然是非常有用的。当然，我们这样地把统计学分为两大类，不过是根据统计学的使用的主要范围来划分。其之所以要加以划分的理由是：在一般人的统计学概念中，总以为统计学通常只是收集大量数据，以及把这些数据用表格或图形表示出来，或许还包括计算总数、百分比、平均数、均方差和相关系数之类。其实，这只是统计学的一部分，而且是比较容易做的一部分。除此之外，统计学也要研究实验设计、抽样检查设计、数据简化和处理，以及其他若干问题，即通过比较全面深入的考虑，才确定一个好的决策。当然，我们也可以从理论与应用的角度把统计学划分为统计理论与应用统计学两大类。但是，不论是从哪一个角度来划分，它们之间总是既有区分又有联系的。所以任何一种划分方法都不可能是绝对的。由于统计学家的不断努力，统计理论和方法在近几十年都得到广泛的发展。但是，根据美国统计学家穆德（A. M. Mood）和格雷比尔（F. A. Graybill）的看法，由于统计理论在某些方面还不够有力，至今还有许多十分重要的实验设计和统计推断问题未曾解决，因而，一种要求创造更完善的统计理论的愿望，一直广泛地存在着，甚至有许许多多科学实验已经达到"万事俱备，只欠东风"（只欠期待已久的更完善的统计方法这样一股东风）的地步。因此，统计学虽然是一门具有比较长久历史的科学，然而它仍然是有着广阔发展前途的一门科学。

"教育学和中国教育问题的研究"，已经作为重大项目，列入我国《哲学社会科学八年（1978—1985）发展规划（草案）》。如何才能多快好省地开展这一重大项目的研究，使之多出成果早出成果呢？作为应用统计的教育统计，在研究方法方面，应该而且可能做出它的贡献。它的任务是，除了研究如何从理论和实践的结合上不断充实教育统计学的内容之外，另一重大方面是在教育科学领域的实验和调查中，尽可能介绍各种适当的统计方法，使从事教育科学研究人员善于设计实验，决定进行观察的数目和类别，最后根据观察所得数据进行统计分析，从而得出合乎科学的结论。换句话说，教育统计应从研究工具和方法方面促进教育研究工作的不断发展。

下面仅就教育领域中出现的一些问题，举几个例子来说明教育统计在教育科学研究工作中的作用。

第一，以今年全国高等学校招生考试问题为例，对全国数以百万计的考生进行学科考试，可以说是对他们进行了一次学习成绩水平的大调查。考试成绩所提供的数据极为庞大杂乱，要真正贯彻择优录取的原则，就要根据优劣顺序对这些数据进行统计加工。具体做法是：首先按学生个人五科总成绩分组，最高分数是 500 分，最低分数是 0 分，假令分为 50 组，组距为 10 分。设以 490~500 分为第一组，分数在这一组的人数为 f_1，第二组的人 f_2……，0~10 分的人数为 f_{50}，我们得：

$$\sum_{i=1}^{50} f_i = N \qquad f_i \geq 0, \ i = 1, 2, 3 \cdots, 50$$

N 为全体考生总人数。其次，决定"优"的具体分数线。这就要根据招生任务指标（L）来决定。但是因为我们要全面考虑德智体三方面，通常要留有余地，比如说按原指标加 50% 计算。然后找出对应于下式：

$$\sum_{i=1}^{r} f_i = L(1+50\%)$$

第 r 组下限，即 $10(50-r)$ 分，并决定以这一下限为体格检查线，即"优"的具体分数线。这样，我们就可以保证按择优录取的原则顺利地完成招生任务。

第二，去年①9月17日《光明日报》发表了《学英语，不用国际音标行不行？》的文章，这是我国改用国际音标进行英语教学二三十年来公开发表不同意见的文章。《光明日报》的按语也说："英语教学中的注音问题，是一个有争论的重要问题。"从教育科学的角度来看，这一重要争论问题应该通过科学实验来解决。教学质量这一具体问题，是一个极为复杂的问题。《学英语，不用国际音标行不行？》表面上是教法问题，其实与教师、教材、学时和学生等有关联。由于许多因素的互相联系，互相制约，互相依存，以致表现出来学习成绩，往往是本质的东西被一些表面现象所掩盖，许多偶然现象干扰了我们对必然的认识。所以我们进行实验设计时，要从多方面去看，不能从单方面去看，有些因素是我们要进行实验的（如教法因素 A，学生因素 B），有些因素是我们在实验中力图加以控制的（如统一教材、统一学时、教学经验相同的教师等）。具体设想是比较简单的二因素（A 与 B）二水平分组实验方案，即：教法的注音 A_1 与不注音 A_2 两个水平，和学生的大学一年生 B_1 与小学三年生 B_2 两个水平。由两个教学经验水平相同的教师，以统一教材，用统一教学时数各教两个班，一个教师负责一个大学注音班和一个小学非注音班；另一个教师负责一个小学注音班和大学非注音班，经过半年或一年之后，用统一试题对四个班进行测验。然后根据测验数据进行方差分析，并就 A、B 和 $A \times B$ 进行 F 检验。为了说明的简便，取 $F_{0.05}$ 为临界点，对 F 值大于临界点的，认为差异显著（以"+"表示），否则不显著（以"−"表示）。这样，我们可能会碰到下面八种情况：

---

① 指 1978 年。

(1) F_A (+), F_B (+), $F_{A \times B}$ (+)。
(2) F_A (+), F_B (+), $F_{A \times B}$ (-)。
(3) F_A (+), F_B (-), $F_{A \times B}$ (+)。
(4) F_A (+), F_B (-), $F_{A \times B}$ (-)。
(5) F_A (-), F_B (+), $F_{A \times B}$ (+)。
(6) F_A (-), F_B (+), $F_{A \times B}$ (-)。
(7) F_A (-), F_B (-), $F_{A \times B}$ (-)。
(8) F_A (-), F_B (-), $F_{A \times B}$ (+)。

对于以上八种情况中任何一种，我们都可以做实验的结论。就第一种情况来说，我们的结论是：注音班和非注音班之间，大学班与小学班之间，不同的教法与不同的学生班的结合之间的差异都显著。而就第七种情况来说，则都不显著。所谓"显著"意味着不同的处理方法就会得出显著不同的效果，在教育上就要推荐那种取得较好效果的处理方法。所谓"不显著"，意味着用不同的处理方法，但效果的差异并不显著（并不否认在数据方面差异现象的存在），在教育上就无所谓优劣之分。现在回到《光明日报》上提出的"行不行"的问题，单就注音方面来讨论。若F_A不显著，那就用不着搞注音这一麻烦的方法了。若F_A显著，那就是说应该推荐效果较好的一种处理方法。若非注音的方法显著地优于注音的方法，那就说明用注音的方法干扰了学生的学习，因而收到相反的效果。那么应该推荐的是非注音方法而不是注音方法。在上面的实验设计中，我们除了考虑教法因素即F_A外，又考虑了学生这一因素即F_B，和$A \times B$的相互作用的$F_{A \times B}$。若$F_{A \times B}$显著，那就说明某一方法与某种学生班相结合的教学效果显著，我们就可以进一步去找出那种最优的结合。若我们的实验结果出现第七种情况，即F_A，F_B，和$F_{A \times B}$都不显著，那就说明无论是注音或不注音，无论是小学或大学，以及二因素之间的交互作用都不存在显著的差异。我们认为：每一问题，只要经过具体的分析，就可以避免笼统的肯定或否定。也只有这样，才能透过偶然性，抓住主要矛盾，去分析事物的内部规律。这里要说明的是，这样的结论只适用于实验范围的具体情况，超越这个具体情况时，所做的结论是不一定适用的。还要说明的是，我们的结论是在一定的置信度范围内做出的。正如前面所指出的，所做的结论还必然要冒风险。比如说，我们取$F_{0.05}$为临界点，我们就要冒5%的风险，把本来应该拒绝的统计假设错误地接受了，或把本来应该接受的统计假设错误地拒绝了。当然，在采用方差分析的实验设计时，考虑的因素越多越全面，水平范围越宽越能增大适用范围。但是，随着实验因素和水平的扩大，却带来试验工作和计算工作的大量增加，有时甚至使试验工作不可能进行。正交试验设计和表头设计，虽然可以部分地简化它，但仍不能全部解决问题。从这里也可以看出，统计方法有时虽然在理论上是可行的，但在实际工作中仍然存在很大的局限性。

第三，众所周知的学习心理学中的学习曲线和遗忘曲线，就是用回归分析的方法，找出学习成绩（因变量 Y）与时间（自变量 X）之间的非线性关系的图形表示或经验公式。它是过去的心理学家多次反复实践的经验总结，也是我们过去学习实验心理学时用自己的实验数据证实过的。记得在三十年代①学习时，我们重复这一实验，得到几十对 (X, Y) 的数值。将它们按每对数值描绘在坐标纸上得出一散点图。显然，这些散点并不是撒满整张坐标纸上的无联系的，而隐约地可以看出是一条有一定趋势的或宽或窄的带形的散点图。于是就从直观上按 X 值上各点 Y 值的平均数描定一个个"理想"点，然后将这些点按顺序联结起来，形成大体与学习曲线和遗忘曲线相似的折线，就算完成了验证手续。现在用回归分析的方法处理，才知道散点带形之所以出现，完全是由于相关变量之间不存在确定性的关系，因而在实验中所记录的 (X, Y) 数据，存在不同程度的差异。假如用回归分析的数学方法——最小二乘法，我们就直接可以求出学习曲线的经验公式。这就真正做到了对大量观察数据加以去粗取精，去伪存真，由此及彼，由表及里的改造制作工夫。也只有这样，才能得出反映事物内部规律性的东西。学习曲线和遗忘曲线的"真理性"，似乎现在还没有人反对。现在文科教学工作座谈会中所制订教育系学校教育专业教学方案中，也列出学习心理学这样一门选课，我想，学习曲线和遗忘曲线还是要谈吧！但是总要有些新的内容和理论，不能照搬三十年代②甚至更早以前的一套吧！那就要我们敢于在前人的基础上大胆创新，即不断地总结经验，有所发现，有所发明，有所创造，有所前进。

从上面所举的三个方面事例看来，作为研究方法的教育统计学，在教育研究工作方面是有其重要作用的。因此，它是我们研究教育科学的科学方法之一，而且不可否认地它是极为有效方法之一。中华人民共和国成立前的我国各师范院校都设置教育统计这一门课程，虽然主要范围是属于描述统计学性质，但仍列为教育系的必修课程。四十年代③的美国已比较普遍运用数理统计方法来研究教育问题。美国林奎斯特（E. F. Linqquist）所著的《教育研究中的统计分析》（*Statistical Analysis in Educational Research*）一书，就比较系统地著述了小样本理论、实验设计、方差分析、协差分析和回归分析等重要章节。当时的英美教育杂志、心理杂志中的论文都普遍应用统计分析方法。由于将近二三十年的隔绝，我们没有看到过国外有关教育统计书刊，对于它的现状，几乎完全不了解。幸而从国外的

---

①② 指 20 世纪 30 年代。

③ 指 20 世纪 40 年代。

统计学著作中，还可以零星地了解到统计学的一些发展。比如说，由于运用了矩阵代数和编码知识，从前视为非常繁重的统计计算工作大大简化了，特别是由于电子计算机的发展，使那些过去认为难以进行的多因素复杂实验成为可能。这就使我们在实验设计中能考虑更多的因素。可以设想，目前国外的教育统计或教育研究中的统计分析方法，必然发展成为一个有趣的新领域。对比我们这二十多年的情况，我们根本不谈教育统计这个问题，好像教育科学这一广阔领域已经成为统计方法不能擅入的禁区——在科学界、实业界甚至日常生活中都普遍应用统计工具的这股春风，就是吹不进教育科学禁区。这种不正常现象，难道能继续下去吗？为了适应教育科学研究的发展，让我们从事教育理论研究和应用统计学研究的广大工作者紧密地结合起来，共同努力为加速四个现代化的实现而贡献自己的力量吧！

1981

教育研究中的实验设计

早在五十年代①后期，教育科学在极"左"思潮的影响下就受到了严重的摧残。如心理学被视为"伪科学"而受到批判。尔后，特别是在"十年浩劫"期间，教育学变成"我注六经，六经注我"的说教式的教条。1979 年，全国教育科学规划会议的召开，才迎来了教育科学的第一个春天。1980 年 6 月，中央教育科学研究所召开教育科学计划座谈会，明确提出："以十年、二十年的时间进行科学实验，提出一套从幼儿园到大学的包括教材、教法、课程设置和学制在内的教育改革意见。这个意见要经过实践证明是正确的、符合中国情况的、又是先进的，然后在此基础上，不断修改完善，到本世纪末达到接近或赶上世界先进水平。"这是我国教育科学新长征路上的一个具有重要意义的决定。也是我们教育科学研究工作者响应党中央书记处关于"力争在八十年代②使我国教育事业有一个大的发展，要超过新中国历史的最高水平"指示的具体措施之一。因为，办教育一定要尊重科学。违背科学规律，凭想当然办事，或凭领导人的一两句话，就照办不误，轻举妄动，搞一刀切的大手术，结果只能给党和国家造成巨大的损失。而探索科学规律的关键在于把各

---

① 指 20 世纪 50 年代。
② 指 20 世纪 80 年代。

方面的专家组织起来,进行系统周密的调查研究。目前国外大都在进行这样的研究。我们是社会主义国家,更加有条件这么做。

下面仅就教育研究中的实验设计问题,提出一点不成熟的意见,请批评指正。

一、能不能用实验法进行教育研究?

作为"行为科学"(behavioral sciences)之一的教育科学,可以有多种多样的研究方法,但能不能像自然科学一样用实验法进行研究呢?这一问题至少在我国还不是那么肯定的,明确地说,大多数人还是持否定态度的。为什么?理由可能是:①自然科学的实验环境一般是在实验室内进行,而教育则在"非实验室环境"(non-labratory setting)的教室中进行;②自然科学的实验对象多半是物,而教育的对象是人;③自然科学的实验周期比较短,可以较快地测定实验效应,而教育所需要的周期比较长,其效应要经过较长的时间才能测定;④自然科学的实验对非实验因素的控制较易,而教育则比较难于控制;如此等等。

我们认为,上述理由是客观存在的事实,但是,却不能因为行为科学比较复杂,就得出结论说:"不能用实验法进行研究。"难于用实验法,不等于不能用。摆在我们面前的任务是承认困难而想办法克服它。

以实际例子来说,在物理学中关于波义耳(Boyle)的理想气体状态实验:如控制温度不变,即可测得平衡状态气体体积与压强成反比的关系($V_1 P_1 = V_2 P_2$);如控制压强不变,即可测得气体体积与温度(准确地说是绝对温度)成正比关系$[(V_1 t_2 + 273\ ℃) = (V_2 t_1 + 273\ ℃)]$;如对温度与压强都不加控制,其关系式为$P_1 V_1 (t_2 + 273\ ℃) = P_2 V_2 (t_1 + 273\ ℃)$。这已经成为古今中外人们所公认的事实。

同样,在行为科学中,费希尔(R. A. Fisher)在他的《实验设计》(*The Design of Experiments*)一书开端所引的尝茶问题的实验,也是国外多数统计工作者经常引用的范例。为了检验一位妇女是否真的有她所称的辨别力(这位妇女说,对于每一杯加牛奶茶,她尝过之后,可以知道,牛奶倒进茶杯是在茶水之前,或在茶水之后)。他在实验设计中规定,对茶的浓淡、冷热,以及每杯加进牛奶的分量、白糖的分量等先做出绝对划一的标准,然后冲入牛奶或茶水。比方说,八杯茶水,四杯先倒进牛奶,而四杯先倒进茶水,依着随机规定的次序,请她在尝了每杯茶水以后说出牛奶倒进茶杯的先后。同时,为了避免主试者于无意中在举止神色间泄露秘密起见,还用一个实验助手,专管授受茶杯与登记判断结果。主试者于一切布置妥当之后,即不再与那位妇女见面交谈,而每杯茶里牛奶加进的先后，连这位助手也不知道。

从以上所举的两个例子看来，Fisher 的这一实验程序，尽管比 Boyle 的实验复杂得多，但是它毕竟可以达到检验之目的。这就说明行为科学领域并不是实验法不能擅入的禁区，而是有待实验法进入开发的广阔天地。明确地说，在非实验室环境"（如教室）中，只要在一定程度上，对重要的因素（或变量）能采取适当的控制，实验方法仍然是可以有效地应用的。我们认为实验是一种具有周密计划的调查研究，通过实验可以发现新的事变（events），或者证实或者否定从前的实验结果。这样的调查研究，将有助于管理工作的决策，诸如推荐一种新的教学方法、一种新的教材，或者改革某种教育措施，等等。

二、为什么要进行实验设计的研究？

实验既然是一个具有周密计划的调查研究，那么，在设计一个实验时，应该把实验目的明确地说出来：需要回答的问题是什么？需要检验的假设是什么？采用什么样的显著性水平？需要估计的效用是什么？在实验过程中会有哪些因素影响实验的效应？用什么方法来对那些非实验因素（或变量）加以控制？务使我们能以最小的人力和物力的消耗获得最多的和最有效的情报与资料，并进一步对这些情报与资料进行统计加工，从而获得处理的平均数与差数以及实验误差的无偏估计量。相反，要是我们在设计实验时，没有经过分析研究（即实验设计不恰当），尽管我们还是会获得一些情报、资料，但是这些情报、资料（数据）只能为所做处理的平均数与差数以及实验误差等提供有偏的估计量，有的数据不能为最初所提出的问题提供答案；在有的数据中的某些处理并不是提供恰切的资料；有的数据所做出的结论，并不能应用于实验工作者原来所关心的总体；还有，从有的数据看来，实验的精确度还不够大，不能辨别出处理的差异是否显著。因而这样取得的实验数据就不能很好地达到原来实验的目的。在实际例子中，听说有些学校在进行某种教材或教法实验时，以教学最有经验的教师来教最好的学生班，而以教学经验一般的教师来教一般的学生班，从而得到观测上的差异，但是得不到正确的实验误差估计量，结果这样的观测差异解释为处理之间的差异，或者由于教师、学生之间的差异都可以；也就是说不可能对哪一种解释是对的结论获得保证，既无法确定观测所得的差异是表示教材或教法方面的真正处理上的差异，也无法确定这种差异是由于原来教师经验不同或学生能力水平高低不同所致。

回过来再看 Fisher 关于尝茶的实验。他之所以要在实验设计的安排上，充分地考虑到茶的浓淡冷热以及牛奶、糖的分量的一致，甚至采取"双重蒙蔽"

（double blind）的措施，不让受试者和实验助手知道每杯茶里倒进牛奶的先后，并非是要最大限度为减少实验所受到的污染（contamination）。而且在预定从百分之二的显著性水平来检验"解消假设"（nullhypothesis）用八杯茶（分为两组各四杯）来进行实验，其根据是如下各种组合方式的分布：

没有误差的：$_4C_0^2 = {_4}C_4^2 = {_4}C_0 \cdot {_4}C_4 = 1$
两杯误差的：$_4C_1^2 = {_4}C_3^2 = {_4}C_1 \cdot {_4}C_3 = 16$
四杯误差的：$_4C_2^2 = {_4}C_2^2 = {_4}C_2 \cdot {_4}C_2 = 36$
六杯误差的：$_4C_3^2 = {_4}C_1^2 = {_4}C_3 \cdot {_4}C_1 = 16$
八杯误差的：$_4C_4^2 = {_4}C_0^2 = {_4}C_4 \cdot {_4}C_0 = 1$
总　　和：$_8C_4 = 70$

实际上，这样安排的八杯茶的实验，不仅等于做了七十次控制实验，而且比做七十次控制实验更好。其实，若取百分之五的显著性水平，用六杯茶（分为两组各三杯）就够了。

再看理想气体状态的三个关系式，无非是表明在不同条件下的表现形式，也是根据不同的实验要求进行实验设计的结果。

总之，不论自然科学还是行为科学，要搞实验，在实验之前就要对搜集必要的情报资料的计划，即实验设计，给以周密的思考与充分的努力。须知，一个好的实验设计，实验次数不多，就能得到满意的结果；设计不好时，次数既多，结果还不一定满意。也许有人以为实验次数多，效果一定好。殊不知，若次数多得不合理，徒然浪费人力物力，有时由于次数过多，致使时间拖长，实验条件改变，最后致使实验失败。因此，如何合理地设计实验，是很值得研究的一个问题。

三、几个教育研究的实验设计的实例

实验设计是研究人员进行实验研究程序的行动计划。通过关于找出自变量与因变量之间的有效结论来检验他的假设。设计所涉及的许多实际问题是：选择实验组与控制组的实验对象，处理实验变量和控制"非实验变量"（extraneaus variables，外来变量）的方法，进行观测用以说明变量关系的统计分析，特别是关于实验误差的控制，等等。

这里不可能对实验设计进行详尽的介绍。现举几个实例如下：

1. 准实验设计（Quasi-Experimental Design）

这一类的设计规定着的是在什么时候以及对谁进行测定。但是，由于没有采

用随机化方法分配实验组与控制组的对象，这些组未必"相等"（equivalence）。

（1）"不相等的，期前—期后试验设计"（The nonequivalent pretest-posttest design）。

O_1　X　O_2

O_3　X　O_4

其中 O 代表观测或试验，X 代表被处理的实验变量，O_1、O_3 分别表示实验前的观测数据，O_2、O_4 分别表示实验后的观测数据（后面所用的相同符号，不再做重复性说明）。

这一设计通常用于以教室为单位的实验（classroom experiments）。实验组与控制组是自然地汇集的小组，即原来的相似班级。统计分析方法是就 O_1 与 O_2 的平均数的差异和 O_3 与 O_4 的平均数的差异进行显著性的检验。由于这是唯一可用的设计，这种比较还是有理的，只是对于结果的解释要谨慎。这是由于两组学生在实验开始时的智力、成熟程度、准备情况以及其他因素不一定相等。

（2）"相等材料，单组，期前—期后试验设计"（The equivalent-materials, single-group, pretest-posttest design）。

MA　O_1　X　O_2；MB　O_3　C　O_4

其中 MA 与 MB 分别表示第一、第二个周期，C 表示控制变量。

因为使实验组与控制组相等的困难，某些研究工作者建议用同一个组（或同一个班）做实验组和控制组，即在第一个周期时作为实验组，而在第二周期时作为控制组。也可以相反——先控制后实验。

这一设计看来有两个吸引人的特点。一是，无须打乱教室程序表而以一个原有的班级来进行试验；二是，可以不让学生知道他们是实验对象而极大地减少他们在实验期间的不自然状态。所有试验与教室程序的改变可以隐蔽在教室的日常工作之中。但是，若从实验的有效性的角度来考查，这一设计的弱点就显现出来了。第一，通常难于选择相等的学习材料；第二，当受试者进入第二周期时，他比第一周期时更成熟了，第一周期的处理影响会转到第二周期；第三，在第二周期中，试验的效应很可能发生更大的影响；第四，由于主试者的判断是评价受试者成绩的一个因素，他对受试者在第一周期中的表现情况的了解，很可能影响他对第二周期中的表现的评价。

2. "真实验设计"（True Experimental Design）

在一个"真实验设计"中，实验组与控制组的教师、实验对象和不同处理都是随机分配的（以 R 表示随机分配）。虽然在学校的教室研究中，很难安排一个真实验设计，但它毕竟是一种最优良的设计，应该尽可能地加以采用。现就如下四个设计进行讨论。

（1）"期后试验的等组设计"（The posttest-only, equivalent-group design）。

$$\frac{R \ X \ O_1}{R \ C \ O_2}$$

其中两个组间横线"——"，表示这两个组是通过随机化措施后使之相等的两个组。

这一设计是使那些对实验有效性的威胁减少到最小的最有效的设计之一。实验组与控制组是通过随机分配而使之相等的。在实验结束时，对实验组控制组的试验成绩的平均数差 O_1 与 O_2，进行 t - 检验。

（2）"期前—期后试验的等组设计"（Pretest-posttest equivalent-group design）。

$$\frac{R \ \ O_1 \ \ X \ \ O_2}{R \ \ O_3 \ \ C \ \ C_4} \quad \begin{array}{l} X \text{ 增益} = O_2 - O_1 \\ C \text{ 增益} = O_4 - O_3 \end{array}$$

统计分析的方法是 X 增益与 C 增益之差进行 t - 检验。若以期前试验成绩为共变量（covariates）进行"协差分析"（analysis of covariance），一般说来，会更有效些。这是一种优良的设计。但是，不足之处是，对有可能出现的"试验效应"以及"试验与实验变量的交互作用"，无从评价。

（3）Solomon 四组设计（The Solomon four-groups design）。

$$A \begin{cases} \dfrac{R \ \ O_1 \ \ X \ \ O_2}{R \ \ O_3 \ \ C \ \ O_4} \end{cases}$$

$$B \begin{cases} \dfrac{R \quad \quad \ X \ \ O_5}{R \quad \quad \ C \ \ O_6} \end{cases}$$

这实际是前面（1）与（2）两个等组设计的结合。因此，它有可能评价主要效应与"试验反应效应"（reactive effects of testing）。由于这一设计提供了 A 和 B "两个联立实验"（two simultaneous experiments），收到了"重复"（replication）的好处。可是，这种设计是复杂的，而且不易找到足够的实验对象来组成四个等组。

（4）两因素、四等组实验设计（The posttest-only, two factors, four-equivalent-groups design）。

$$\frac{R \ \ X \ \ (A_1, \ B_1) \ \ O_1}{R \ \ X \ \ (A_1, \ B_2) \ \ O_2}$$
$$\frac{R \ \ X \ \ (A_2, \ B_1) \ \ O_2}{R \ \ X \ \ (A_2, \ B_2) \ \ O_4}$$

其中 $X(A_1, B_1)$ 表示实验因素 A_1, B_1 的组合，……，$X(A_2, B_2)$ 表示实验因素 A_2, B_2 的组合。这是一个 2×2 的实验。用方差分析方法对归于 A, B, $A \times B$ 的方差进行检验。每一个因素的水平不限于2，如因素 A 为 n 水平，因素 B 为 m 水平，那就共需 $n \times m$ 个等组了。为了避免计算的麻烦，不妨在每个实验组中取相同的人数 r。

具体地说，在当前的"两因素四等组实验设计"中，若实验目的是要判别教材与教法二者变化所产生效应的差异，实验因素就限于教材和教法，至于教师的教学水平（如教师的学历、教龄、教学能力等），学生学习水平（如学习年级、学习能力等）以及其他非实验因素，首先要在四个组之间保持基本上相等；其次，采用随机化措施来控制那些来自非实验因素的系统误差。若以 A 代表教材（A_1 为教材一，A_2 为教材二），以 B 代表教法（B_1 代表教法一，B_2 代表教法二），那么这样一个两因素二水平的实验，就会有四种不同的组合：(A_1, B_1)，(A_1, B_2)，(A_2, B_1)，(A_2, B_2)。哪个组进行哪种组合的实验，由哪个教师担任教学，也都是通过随机化措施决定的。

实验结束时，以同一试题同时对四个组的学生进行测验，然后进行统一评分，取得数据 O_1, O_2, O_3, O_4。之后根据交叉分组的数学模型进行方差分析，以判别教法差异，教材差异和教材、教法交互作用的差异，从而找出最佳的教材教法结合。

这里所举的两类六个实验设计，仅供参考。至于在工农业生产中广泛行之有效的两个因素以上的正交设计，如何在教育研究中加以应用，由于它的复杂性，还有待我们全体教育科学研究工作者进一步通过实践进行探索。

1982

《教育统计》评介

美国犹他大学（Utah State University）教授 D. 怀特（David White）所著《教育统计》（*Statistics for Education*）一书，已译成中文并由人民教育出版社出版。该书的对象为高等师范院校教育系学生及教育科学工作者。对于如何培养读者使用现代统计工具能力的问题，怀特提出了如下的具体步骤：

（1）将研究的问题翻译为统计专门名词。

（2）做出取样方案。

（3）运用取样方案收集数据（根据附录的原始教育资料）。

（4）分析数据。

（5）根据原定的研究问题，解释数据。

经过试用该教材的结果，我们认为，怀特的上述设想是切实可行的，因而作为教材是比较合适的。与其他流行的《教育统计》教材相比，该书的一些特点是值得加以介绍的。

（1）怀特引用 W. R. 波格（W. R. Borg）的教育资料，构成有关教育上亟待研究的若干"故事性问题"（story problem），对于教育系的学生或教育工作者来说，是比较亲切的。在引出问题以后再来介绍研究解决问题的统计方法，这一教学程序看来也是可取的。特别是在着手研究解决问题的时候，始终坚持用"随机取样"（random sampling）方法来收集数据，以保证尔后进行统计分析的科学性。对于一切统计工作者来说，这种科学态度和方法，既是示范作用，也是严格要求。然而，随机取样这一概念，对于我国过去的一些教育工作者，即令不是陌生，也是可有可无。某些单位所搞的教育调查或教育实验，由于一开始就违反了随机取样的基本原则，以致调查报告或实验报告的结论缺乏科学依据，推广价值不大，可以说这是违反统计分析基本要求的必然结果。

（2）对于只有高中数学程度的教育系学生来说，要求他们从数学理论去理解数理统计的定理法则，一般来说是比较困难的。如何解决面临的困难呢？怀特通过直观的频率直方图引进比较抽象的总体和样本分布的概念，以及有关定理法则。同时，通过带有"＋"和"±"符号的练习，使读者各自独立按照随机取样的规定挑选样本和计算样本统计量，然后交由教师汇总，构成样本统计量的分布；从而验证有关定理，如样本平均数的分布，样本方差的分布，等等。对于那些使初学者感到难于掌握的"苦恼"的统计概念，如置信区间、第一类错误、第二类错误以及其他概念，怀特也是利用练习来加深读者理解以达到教学目的的。

（3）在练习方面，除上述带有"＋"和"±"符号的习题外，自第三章起专节提出"体验性作业"（experience with data）。这些作业都没有什么"独一无二"的答案，为了培养读者综合运用有关章节的统计知识技能，分析研究问题的能力，读者完全可以根据自己的理解，从提出问题、收集数据、选用统计方法，以至分析数据、解释结果等一系列步骤，各行其是，并不强求一致。这种不拘一格的书面作业，尽管形式不一，只要合乎统计分析的基本要求，言之成理，持之有故，有自己的创见，都会受到较高的评价。其结果，有利于培养读者的创新能力和进一步钻研的兴趣。

（4）该书在处理数据方面，介绍了先进的电子计算机这一现代化手段，并把数据处理的电子化与整个统计教学紧密地结合在一起。在电子计算机网络遍布各地的美国，这一设想显然是适宜的。对读者提供使用计算机中心设备的训练，使他们从繁重的计算工作中解放出来，用更多的时间和精力去钻研统计原理，熟练地掌握各种统计方法，对于加深读者的学习兴趣，是有良好的促进作用的。在试教该教材的过程中，由于该教材的启发，认识到教学必须与现代计算工具的发展相适应，结合我们现有设备的实际，尽可能使用袖珍电子计算器以代替大型电子计算机的教学内容。因此，除教师利用可编程序型计算器进行示范教学外，配备学生人手一个函数型计算器，使他们能迅速而准确地算出结果，增强信心，因而收到了较好的教学效果。

（5）在联系教育实际工作上"制定决策"（decision making）方面，该书第五章和第七章所介绍的关于"秩评定过程"（ranking procedure），对于广大教育工作者（包括行政领导和各级学校教师）来说，颇有启发作用。因为当我们面临两种或多种情况（比如说，规定各级学校学制长短、介绍或推广某种教科书或教学方法等等），既不能照搬外国经验，也不能单凭"长官"意志或"权威人士"意见，而要在中外先进经验的基础上结合我国需要和当前实际，开展实验研究，并对实验结果进行科学分析，才有可能制订并优选有效的方案。该书从统计学的角度出发，所介绍的"从收集数据到制定决策"的全过程，为我国教育科学研究工作的开展，提供了有力的工具。

（6）"数据处理"是该书的一个重要组成部分，除第四章全章介绍高速计算系统外，以后各章都在结尾部分专节介绍有关的数据处理方法和程序。对于读者来说，这种安排本来是使他们从繁重的计算工作中"解放"出来的有效措施。这种教材的体系结构就是在国外，也是比较独特的。可是，由于我国目前所流行的算法语言和与之相适应的计算机，大都与该书所介绍的美国通用的 FORTRAN 不同，因而对于我国的广大读者来说，无疑是一种不易克服的困难，也是我们不能直接全面学习该书的一种损失。然而应该看到，这并不是由于该书本身的"缺点"所造成的。

总而言之，该书内容精简扼要，体系完整，层次分明，对于美国学生来说固然是一部合用的教材，就是对于我国的学生来说，也不失为值得学习的教材和参考文献。

《教育统计学》(前言)

教育统计学是运用数理统计方法,研究教育问题,探索教育规律,制订教育决策的一门科学,是广大教育工作者必备的一种重要科学工具。现在重新把它列为高等院校教育系的专业基础课之一,其目的在于培养学生初步掌握一些必要的统计方法和喜于独立分析资料、处理数据的能力。

1979年由教育部委托华南师院叶佩华为主编,福建师大万梅亭参加编写工作。

1980年由叶佩华提议,报请教育部批准,又邀请了北京师院郝德元、广州师院陈一百参加编写工作。

1980年至1981年由叶佩华在广州主持召开了三次教材讨论会。各章的编写分工为:第一、二、三、四章由万梅亭执笔,第五、十二、十四章由叶佩华执笔,第六、七、八、九、十、十一章由郝德元执笔,第十三章由陈一百执笔。全书最后由叶佩华、陈一百负责统校工作。

本书包含的内容主要是现代教育科学中最常用的数理统计方法。通过具体例子,对这些方法进行介绍,以使学生学习后能够基本掌握和运用为准。

本书共十四章,基本上分为描述统计与推断统计两大部分。在推断统计部分,除了常见的参数法外,还介绍几种计算比较简便的非参数法。此外，由于国外近年来日益重视研究因素分析方法的应用，本书特辟专章进行介绍。至于将现代计算工具的应用列为教育统计学的一个组成部分，是我们学习外国教材经验的一种新的尝试，主要意图是使学生从繁重的计算工作中解放出来，能把更多的精力与时间用在深入领会各种统计方法的背景与应用上。当然，像电子计算器（特别是可编程序型的计算器）这样的现代计算工具，目前还不能说是很普及的，但随着时代的进步，科学技术的发展以及国家经济的繁荣，若干年内，这些设备肯定会逐步得到解决的。

本书是针对学年课程每周 3~4 学时的需要而编写的，在学时较紧或设备条件暂时缺乏的情况下，有些附有"*"的章节可以略讲或不讲，这并不影响本教材的体系。有些则可以根据各校具体情况，适当提前或分散教学。例如，对于有计算器的学校，应从第二章起开始介绍计算器的一般手工运算，而在第五章以后分别介绍相关系数等程序运算；对于暂时还不具备条件的学校，整个第十四章可以全部不讲。

在这次编写过程中，我们参考了国内外有关书籍和教材，吸收了各书的编写经验，引用了其中的一些材料和各种统计表，在此，谨向各书的编者和出版者表示深切的感谢。

对参与本书讨论和提出宝贵意见的同志致以谢意。

由于我们水平有限，编写经验不足，加上时间仓促，教材中的缺点错误在所难免，欢迎读者批评指正！

编　者

1982 年 2 月

教育统计学的产生，现状及发展趋势*

教育统计学是应用统计学的一个分支，是处理教育实际工作和进行教育科学研究的一种有效工具，是处理和研究教育问题的一种科学方法。因此，教育统计学的研究领域应包括教育统计学的理论、方法和它的应用，其任务是应用统计方法（特别是近年来日益广泛应用的数理统计方法）来处理和研究教育问题（包括掌握教育情况、探索教育规律、制订教育方案、检查教育效率等）。由于教育统计学是数理统计学与教育学相结合的一门交叉学科，所以它就特别着重于各种统计方法在教育问题中的实用性。在复杂的教育问题中，当普遍地存在着"不肯定"时，教育统计学提供了一系列的决策方法。另外，教育统计学还可以为专门研究领域具体地设计出某些工具。例如针对某一教育实验问题，可根据教育统计学的原理和方法构造一个与实验情况相适合的数学模型，并用数学方法对这个模型进行分析，然后设计出处理这个问题的程序。

教育统计学分为两大类：①描述统计学，即研究简缩数据和描述这些数据。如，将搜集所得的大量数据用表格或图形表示出来，以及计算所得数据的"集中量数""差异量数""相关系数"等特征数值，以描述有关事物的典型性、波动范围、相互关系，揭示事物

---

* 本文作者：叶佩华、张敏强。

的内在规律。②推断统计学，即利用数据进行统计检验（u 检验、t 检验、X^2 检验、F 检验）、统计分析（方差分析、回归分析、协方差分析、因素分析）、非参数统计法［符号检验法、秩和检验法、曼－惠特尼（Mann-Whitney）U 检验法、克鲁斯克尔（W. H. Kruskal）与沃利斯（W. A. Wallis）秩次的单向方差分析法、弗里德曼（Friedman）秩次的双向方差分析］做出决策。亦即以一定的置信度根据部分数据去推断更一般的情况，务使所得的结论能应用于更广泛的范围或根据已知数据结合教育特点进行预测。

  教育统计学的发展历程，诚如凯特勒（A. Quételet）与高尔顿（S. F. Galton）所预言："统计方法，可应用于各种科学的各种部门。"统计方法在教育领域逐渐得到了日益广泛深入的应用。20 世纪初统计学传入美国，桑代克（E. L. Thorndike）为了达到"极力以心理学与统计学为工具而研究教育学，使教育科学化"的目的，1904 年写了一本社会统计学应用手册《心理与社会测量导论》（*An Introduction to the Theory of Mental and Social Measurements*），是世界上第一本有关教育统计学的专著。以后，美国的大学先后开设心理和教育统计课程，并出版教材。如瑟斯顿（L. L. Thurstone）的《统计学纲要》（*The Fundamentals of Statistics*）（1924）、加勒特（H. E. Garrett）的《心理与教育统计法》（*Statistics in Psychology and Education*）（1926）等。这些教材的内容大都属于描述统计。四十年代①以后，欧美各国比较普遍地应用数理统计方法研究心理与教育问题，所用教材增加了小样本理论、统计估计、统计检验等主要内容。更由于瑟斯顿等人在斯皮尔曼（C. E. Spearman）的影响下，用因素分析法研究人的心理如智力（intelligence）等，从此，教育统计学进入了以推断统计为主要内容的阶段。当时的代表著作有林奎斯特（E. F. Lindquist）的《教育研究中的统计分析》（*Statistical Analysis in Educational Research*）（1940）。随后，统计学家发现：统计假设检验所涉及的假定（assumption），例如总体的基本分布形式为正态分布密度不能满足，或者根本不知道基本分布的形式时，则引入一种与密度的形式无关的统计方法——非参数方法，使得教育统计学的内容更为充实、丰富，实用范围更为广泛。这方面的代表著作有波帕姆（W. J. Popham）与西罗蒂民克（K. A. Sirotinik）合著的《教育统计学——应用与说明》（*Educational Statistics—Use and Interpretation*）（1967）、吉尔福特（J. P. Guilford）与本杰明·弗鲁切特（Benjamin Fruchter）合著的《心理与教育中的统计学》（*Fundamental Statistics in Psychology and Education*）（1978）。七十年代②由于电子计算机的广泛应用，不少教育统计学的教材也介绍了电子计算机处理数据。如美国的怀特（D. White）著《教育统计——附数据处理》（*Statistics for Education—with Data Processing*）（1971）。

---

① 指 20 世纪 40 年代。
② 指 20 世纪 70 年代。

教育测量学与教育统计学有极为密切的联系，而且相互为用。首先，教育统计学所加工的原材料来自教育测量所提供的数据，而数据真实情况与可靠程度决定于教育测量本身的效度（validity）和信度（reliability），关于效度和信度的确定以及教育测量中的项目分析（item analysis），又必须用到统计学中的相关系数（包括乘积相关 r、双列相关 r_{bi}、点双列相关 r_{pbi}、四项相关 r_i、φ 相关 r_φ 等）、因素分析。其次，教育测量学中各种量表（如 T scale、C scale 和 stanines 等）的编制及各种常模（norm）的确定，必须用到统计学知识，如百分位数、平均数、标准差、标准分数、正态分布等。

实验统计学（experimental statistics）的兴起，使得统计学的内容大为充实。其影响所及，也使教育统计学的范围有所扩展。表现在：第一，教育研究中所使用的数据是多样性的，就变数"水平"（level of scale）分，不仅有名称的（nominal）、顺序的（ordinal），而且不少是属于等距的（interval）和比率的（ratio），各种不同"水平"的变数，各有其相应的统计方法，如对于后两种变数，不得使用平均数和标准差进行统计分析。第二，教育问题中，往往出现样本容量大，因而可能利用大数法则（law of large numbers）以近似的途径做替代的统计分析。以两独立样本的 t 检验为例，在大样本中采用简化的近似公式：

$$t = \frac{\overline{X}_1 - \overline{X}_2}{\sqrt{\frac{S_1^2}{n_1} + \frac{S_2^2}{n_2}}} \qquad df = n_1 + n_2 - 2$$

代替小样本公式：

$$t = \frac{\overline{X}_1 - \overline{X}_2}{\sqrt{\frac{(n_1-1)S_1^2 + (n_2-1)S_2^2}{n_1 + n_2 - 2}\left(\frac{1}{n_1} + \frac{1}{n_2}\right)}} \qquad df = n_1 + n_2 - 2$$

我国的教育统计学是在辛亥革命以后，随着西方科学技术成就一起被引入的。当时的大学教育系和中等师范学校都把教育统计学作为必修课程。有不少学者从事这门课程的讲授并撰写专著出版发行。如薛鸿志著《教育统计法》（1925），周调阳著《教育统计学》（1925），朱君毅著《教育统计学》（1930），王书林著《教育测验与统计》（1935），沈有乾著《教育统计学讲话》（1946）、《实验设计与统计方法》（1947）等。因而教育统计学在国内得到一定程度的普及和应用。可惜的是五十年代[①]以后由于"全盘学习苏联"的影响，学校中的教育统计课程被认为是资产阶级的产物而全部取消了，在一般的教育研究中也没有人再用统计方法了。直至 1979 年，随着全国教育科学规划会议召开，教育统计

[①] 指 20 世纪 50 年代。

学才恢复了新生，有教育系的大学都先后开设这门课程。教育部组织了叶佩华（主编）、万梅亭、郝德元、陈一百等四人编写《教育统计学》作为全国通用教材（人民教育出版社1983年出版）。这本书除了包括描述统计、推断统计等内容外，还专章介绍电子计算器，特别是可编程序电子计算器在教育统计中的应用。现已出版的专著还有张厚粲、孟庆茂编著《心理与教育统计》（1982）、左任侠编著《教育与心理统计》（1982）。

经过将近八十年的发展，各种教育统计方法，就种类来说，相当丰富。但每一方法的应用，在我国还处于推广试用的阶段，因此尚有不少人对它的作用缺乏足够的认识，特别是面对复杂的教育问题，由于统计方法本身的限制，至今还有许多十分重要的实验设计和统计推断的问题不能在理论上得到有力的解决，这就有待于数理统计学的发展。而这一发展不仅需要数理统计学家的继续努力，还有待于教育学家亲自动手来推进统计理论，改进统计工具，以适合某些特定的实验需要。

从发展趋势看，近年来，由于电子计算机的使用，使得统计学领域出现了不少的革新措施，这些措施对教育统计学的内容也产生了影响。

（1）为了节省时间，简化程序，现行的教育统计学教材，都列有各种统计量的定义公式和计算公式。为了提高效率，使用电子计算机时，为电子计算机所接受的计算公式将受到越来越多的重视和运用。例如计算皮尔逊（Pearson）的乘积相关的定义公式为：

$$r_{xy} = \frac{\sum xy}{nS_x S_y}$$

计算公式为：

$$r_{xy} = \frac{n\sum xy - (\sum x)(\sum y)}{\sqrt{[n\sum x^2 - (\sum x)^2][n\sum y^2 - (\sum y)^2]}}$$

（2）过去教育统计学教材中大都用相当多的篇幅专门介绍分组频数分配的所谓简捷的统计处理法。这样做虽然有一定的描述作用，但与电子计算机相比，计算手续并不简捷，结果也不准确，而电子计算机直接处理数据不但比较迅速准确，还可直接编制频数分配表，不必对全部数据经过逐一划记的手工操作。现在已有不少教材，只介绍次数分配表、相关表或相关散布图的编制，但是对于如何利用此等次数分配表、相关表为基础，以做进一步的统计处理，则未多做说明，就是这个缘故。

（3）过去的教材对于回归分析这一内容的论述，由于计算烦琐，往往只介绍一元、二元回归，对于三元以上的回归问题最多只做一些理论上的介绍，对于实际运用，就很少详谈。这对于"要根据多种有关变项所造成的效果"的教育问题进行预测显然是不够的。随着电子计算机在教育统计学中的推广使用，多元回归分析将日益受到重视和运用。

总之,由于电子计算机的应用和实验统计学的发展,着重实用性的教育统计学,将对那些实用性不大的内容进行删减,而对许多必要的统计方法则予以引进。这将是今后教育统计学的发展趋势。

参考文献

[1] 下中邦彦. 世界大百科事典:第七卷 [M]. 东京:平凡社,1972:408.

[2] JOHNSON P O, JACKSON R W B. Introduction to statistical methods [M]. New York:Prentice-Hall, 1953:7.

[3] DEIGHTON L C. The Encyclopedia of education (vol. 9) [M]. New York:Macmillan, 1977:234.

[4] The encyclopedia Americana:international edition (vol. 25) [M]. New York:Grolier Incorporated, 1980:462.

[5] 塞斯顿. 教育统计学纲要 [M]. 朱君毅,译. 北京:商务印书馆, 1927.

[6] 葛雷德. 心理与教育之统计法 [M]. 朱君毅,译. 北京:商务印书馆, 1934.

[7] 穆德,格雷比尔. 统计学导论 [M]. 史定华,译. 北京:科学出版社, 1978.

[8] LINDQUIST E F. Statistical analysis in educational research [M]. Boston:Houghton Mifflin, 1940.

[9] GUILFORD J P, FRUCHTER B. Fundamental statistics in psychology and education [M]. 6th ed. New York:McGraw-Hill Book Co., 1977.

[10] POPHAM W J, SIROTNIK K A. Educational statistics:use and interpretation [M] 2nd ed. New York:Harper & Row, 1973.

[11] PETERS C C, VAN VOORHIS W R. Statistical procedures and their mathematical bases [M]. New York:McGrawl Hill Book, 1940:252 - 253.

[12] 商务印书馆编辑部. 近代现代外国哲学社会科学人名资料汇编 [M]. 北京:商务印书馆, 1965.

[13] 怀特. 教育统计:附数据处理 [M]. 叶佩华,译. 北京:人民教育出版社, 1980.

1983

正确计算多科考试成绩的方法[*]

考试是目前我国各类学校和人事部门对学生或录用人员在文化水平方面进行测定的主要手段。测定的成绩一般用百分制的分数来表示，如果是测定多科成绩，则将各科考试分数简单相加。凭这种原始总分来决定考生优劣或名次的做法，是不够合理的。从教育测量的角度来看，要想真正评定优劣，就不能不改变现行的计算总分的办法。

通过测量所得的读数，无不附有具体的单位，而不同单位的读数却是不能直接凭读数进行相加和比较的。以测量温度为例：水结冰的温度，在华氏①表上为32 °F，在列氏②表和摄氏表上都是零度；水汽化的温度，华氏表上为212 °F，列氏表上为80 °Re，摄氏表上为100 ℃。又如，测量几何图形的角度，除常用的六十进制之外，还可以弧度制和梯度制来表示。就温度来说，同一单位的不同读数虽然可以直接比较，如32 ℃比28 ℃高，但32 ℃与28 ℃却不能相加而得出60 ℃的实际温度。这是因为温度没有以"绝对零度"作为参照点，而不同的温度计又是采用不同的标度作为单位的。就角度而

---

[*] 本文作者：叶佩华、曾桂兴。
① 1华氏度（°F）≈ -17.22 摄氏度（℃）。
② 1列氏度（°Re）=1.25 摄氏度（℃）。

言，虽然都以零度作为参照点，但因为采用不同的标度做单位，所以仍不能直接相加，而只有以相同标度为单位的读数才是可比的，也是可加的。如 $\frac{\pi}{3} + \frac{\pi}{2} = \frac{5\pi}{6}$。但25°却不能与 $\frac{\pi}{2}$ 直接相加，而必须经过转化为同一单位后相加才有意义。

从理论上说，各科考试分数也是考生在不同科目测量量表上的读数。一般来说，在没有统一的标准测量量表以前，各科测验题目的难易程度是不相同的，甚至就同一科目来说，也往往是随时间的不同而不同。由于题目的难易程度不同，造成评分标准的偏严偏宽，因此，我们不能说语文科考试分数的80分等价于数学科考试分数的80分，甚至上个月数学科的80分优于这个月数学科的75分。在这种情况下，把考生的各科考试分数直接相加或加权相加，然后凭各个考生的总分数决定优劣取舍，这种办法显然是不够合理的。

也许有的同志会说，根据以往多年的经验，各科考试虽然难易程度不一，但是考生的成绩分布，大都遵从正态分布，可以相加。我们认为这一看法也是不够全面的。因为在未经转化为标准正态分布以前，各科分数的正态分布都是以自身的平均数作为参照点，而且标度也是以各自的标准差为单位的。简单地说，例如附录中政治科的分数是遵从 $N(61.93, 11.27^2)$，而语文科的分数则遵从 $N(53.13, 12.50^2)$，数学科的分数遵从 $N(57.45, 19.98^2)$，化学科的分数遵从 $N(48.84, 15.63^2)$ 等分布（如图1所示）。

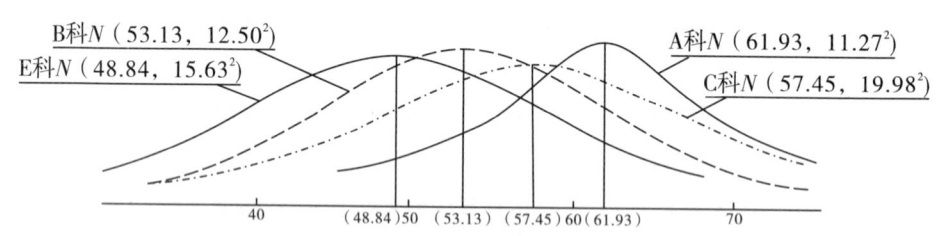

图1 在正态分布下，各科成绩分布示意图（以A、B、C、E四科[①]为例）

显然，把不同的各科分数——尽管都能满足正态分布的要求——加在一起，实际上是把不同参照点和标度单位的量数硬性加在一起，是不合理的。

那么，各科考试分数是否就不能相加了呢？也不是。只是要经过一个标准化成绩的转化过程，才能进行相加和比较。和前面所指出的那样，用弧度表示的角度数，尽管不能和用梯度表示的角度数直接加在一起，但是，如果统一以弧度或梯度为单位，就可以相加并进行比较了。

---

① A科为政治科，B科为语文科，C科为数学科，E科为化学科。

至于各科分数的具体标准化，在统计上是很简单的。通过下面公式（1）的计算，就可以得到标准分数。

$$Z_A = \frac{X_A - \mu_A}{\sigma_A} \quad (1)$$

其中，X_A为某生在某科（如 A 科）的原始考试分数；μ_A为全体考生在该科（A）的平均分数；σ_A为全体考生在该科（A）分数的标准差；Z_A为某生在该科的标准分数。Z_A随着不同考生原始分数X_A的变化而变化，因而它是一个随机变量；并且它服从于标准正态分布 N（0，1），而不像X_A服从于X_A原来的正态分布 N（μ_A，σ_A^2）。也就是说，尽管各科原始分数不同，但经过转换后的标准成绩都服从于具有相同参照点和标度的标准正态分布了。公式（1）表明：若$Z_A>0$，则该生在某科（A）原始分数高于该科全体考生的平均分数；若$Z_A<0$，则该生在 A 科的分数低于全体考生的平均分数。通过公式（1）的转化，Z_A既可以定性地确定某生分数在平均分数之上或之下，又可以定量地确定某生分数离开平均分数的远近数值。

经过标准化的转换以后，是否对原始分数有所歪曲呢？没有。通过图 2 和图 3 的对比可以说明。在附录中取前十位考生所得的政治科原始分数，分别以图 2 中的 X_1，X_2，…，X_{10} 这十个点表示，经过转化后的标准分数，则以图 3 中的 O_1，O_1，…，O_{10} 这十个点来表示。可以看出，每个考生的相应位置和相邻顺序是完全一致的。

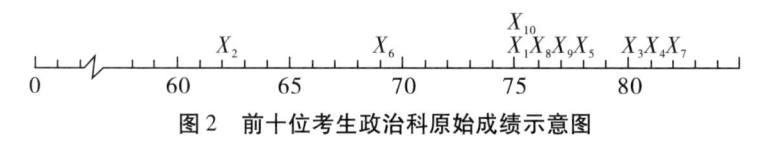

图 2　前十位考生政治科原始成绩示意图

图 3　前十位考生政治科标准成绩示意图

这里要着重指出的是：原始分数相加所得的总分（称为原始总分）和标准成绩相加所得的总分（标准总分）往往不一致。例如在附录中，第 4 号考生的原始总分为 382，第 19 号考生的原始总分为 392，似乎说明后者优于前者。但经过标准化转换之后，前者标准成绩为 5.950，后者标准成绩为 5.826。这又表明，尽管他们的原始总分相差 10 分之多，前者却优于后者。若以原始总分为依据并具体规定入选的分数线为 385 分，那么后者在入选之列，而前者则不入选。再细看各科分数比较，前者各科分数都在平均分数之上，而后者却有一科分数在平均成绩之下。这样录取了后者而忽视了前者,显然不符合择优录取(用)的原则。这两位考生各科原始分数与标准分数对照表见表1。

表1 两位考生七科分数的标准化表

科目	原始分数(x)		总体参数		标准分(z)	
	甲	乙	μ	σ	甲	乙
政治	81	71	61.93	11.27	1.692	0.805
语文	58	66	53.13	12.50	0.390	1.030
数学	60	65	57.45	19.98	0.128	0.378
物理	61	75	52.08	16.14	0.553	1.420
化学	75	79	48.84	15.63	1.674	1.930
生物	21	21	18.13	5.35	0.536	0.536
外语	51	29	33.81	17.69	0.977	0.273
总计	382	392			5.950	5.826

在附录的二十位考生中,原始总分低(或高)而标准总分高(或低)者至少有五对(即在重复对中,只选其中不与它重复的一对来计之)(见表2)。这就是说,将有50%的考生分数是不一致的;而且可以设想,随着考生人数的增多,这种不一致的比例将会显著增加。

表2 原始总分(低或高)而标准总分高(或低)的对照表

对数	考生号	原始总分	标准总分
1	4	382	5.950
	8	382	4.846
2	5	384	7.052
	9	387	6.992
3	7	396	7.022
	20	398	6.355
4	11	388	7.068
	19	392	5.826
5	13	350	3.834
	12	358	3.046

设若在附录中举出五位考生的七科分数,分别列出依据原始总分和标准总分而排出名次如表3所示。

表3 在附录中取五位考生的原始总分与标准总分对照表

考生号	原始总分	名次	标准总分	名次
5	384	5	7.052	2
9	387	4	6.992	3
11	388	3	7.068	1
19	292	2	5.826	5
20	398	1	6.355	4

在表3中，若在这五位考生中挑选前二名，那么根据原始总分就会选到第20号和第19号考生；如根据标准总分则应选第11号和第5号考生。也就是说，在原始总分中的第一、二名，在标准总分中却成了第四、五名了。在附录中，这种名次不一致的现象高达80%。

这就给我们提出了一个严重的问题，即在贯彻择优录取（用）或决定考生名次时，究竟依据原始总分合理，还是依据标准总分合理呢？经过上面的分析，我们认为对比之下，后者较为合理。

以标准总分为依据进行挑选或录用考生，无疑会增加计算分数的工作量。但是随着电子计算机或计算器的日益普及，使我们能够借助于计算工具解决好求各科的平均数和标准差这一关键问题，为考试分数标准化提供极为有利的条件。

如果不是就一个点（如一个单位或一个学校）来计算各科的标准成绩，而是要在比较短的时间内计算整个地区或更大范围的各科平均数和标准差，则可依照下列公式，运用电子计算机计算：

$$\mu = \frac{\sum_{i=1}^{k} N_i \overline{X}_i}{\sum_{i=1}^{k} N_i}$$

$$\sigma^2 = \frac{\sum_{i=1}^{k} N_i (s_i^2 + d_i^2)}{\sum_{i=1}^{k} N_i}$$

其中，$\overline{X}_i$ 为各点（K个点）某科的平均分数，N_i 为各点参加该科考试的人数，μ 为该科的总平均分数；s_i^2 为各点该科成绩的方差，$d_i = \overline{X}_i - \mu$ 即各点该科的平均分数与该科总平均分数的差，σ^2 为该科成绩的总方差。

考生的标准总分计算出来之后，可仿照以往定出原始总分的录取分数线的办法，定出标准总分从高分到低分的分段录取线，以供各单位选取考生时使用。我们认为，以这样计算出来的标准总分作为录取（用）考生的依据，除比较真实反映考生的实际成绩外,还有促进考生全面掌握好各科的知识,以及方便各使用单位(特别是高等院校)依据本单位专业的特殊需要来选录考生等方面的好处。

附录 20位考生(理科)的原始分数与标准分数对照表

考生号	政治(A)	语文(B)	数学(C)	物理(D)	化学(E)	生物(F)	外语(G)	原始总分(S_1)	名次	标准总分 S_2	名次
1	75(1.160)	65(0.950)	76(0.928)	63(0.677)	73(1.546)	22(0.723)	54(1.148)	401	3	7.131	5
2	62(0.006)	57(0.310)	65(0.378)	76(1.482)	67(1.162)	25(1.284)	21(-0.728)	363	12	3.894	13
3	80(1.603)	66(1.030)	82(1.229)	58(0.367)	80(1.994)	23(0.910)	45(0.636)	412	2	7.769	2
4	81(1.692)	58(0.390)	60(0.128)	61(0.553)	75(1.674)	21(0.536)	51(0.997)	382	10	5.950	9
5	78(1.426)	75(1.030)	56(-0.073)	64(0.739)	64(0.970)	26(1.471)	60(1.439)	384	9	7.052	5
6	69(0.627)	45(-0.650)	65(0.378)	70(1.110)	60(0.714)	22(0.723)	15(-1.069)	339	15	1.833	16
7	82(1.781)	53(-0.010)	77(0.978)	71(1.172)	65(1.034)	27(1.658)	41(0.409)	396	5	7.022	6
8	76(1.248)	56(0.230)	76(0.928)	77(1.544)	68(1.226)	23(0.910)	12(-1.240)	382	10	4.846	11
9	77(1.337)	60(0.550)	70(0.628)	57(0.350)	66(1.098)	26(1.471)	62(1.603)	387	8	6.992	7
10	75(1.160)	57(0.310)	78(1.029)	81(1.792)	78(1.866)	25(1.224)	63(1.659)	426	2	9.100	1
11	80(1.603)	58(0.390)	65(0.378)	55(0.181)	71(1.418)	24(1.097)	69(2.001)	388	7	7.608	4
12	50(-1.059)	53(-0.010)	84(1.329)	66(0.862)	63(0.906)	22(0.723)	39(0.295)	358	13	3.046	15
13	74(1.071)	62(0.710)	60(0.128)	51(-0.067)	60(0.714)	24(1.097)	37(0.181)	350	14	3.834	14
14	61(-0.083)	58(0.390)	52(-0.273)	49(-0.191)	55(0.394)	13(-0.959)	11(-1.297)	294	18	-2.019	19
15	68(0.539)	55(0.150)	74(0.828)	66(0.862)	60(0.714)	23(0.910)	41(0.409)	367	11	4.412	12
16	63(0.095)	56(0.230)	60(0.128)	58(0.367)	38(-0.694)	20(0.350)	44(0.579)	317	17	1.055	18
17	57(-0.437)	50(-0.250)	72(0.728)	52(-0.005)	66(1.098)	18(-0.024)	43(0.522)	337	16	1.632	17
18	56(-0.526)	45(-0.650)	42(-0.773)	52(-0.005)	52(0.202)	17(-0.211)	29(-0.273)	279	19	-2.236	20
19	71(0.805)	66(1.030)	65(0.378)	75(1.420)	79(1.930)	21(0.536)	29(-0.273)	392	6	5.826	10
20	61(-0.083)	57(0.310)	73(0.778)	77(1.544)	82(2.122)	21(0.536)	54(1.148)	398	4	6.355	8

附注:①此材料来源于某考场考生的真实成绩。括号内的分数为标准分数。

②各科成绩的总体参数如表1中所示。它们是由该单位45位考生分数计算出来的。

常用数理统计计算程序库（Ⅰ）（Ⅱ）*

编者按：教育统计学使用电子计算机做统计分析，在国内是广东教育科学研究所叶佩华教授首倡的。为供有电子计算机的读者应用，叶佩华教授编写的常用数理统计计算程序库，本刊从这一期起拟连续发表其中的一部分。

为推动电子计算机在教育统计学上的应用，配合全国统编教材《教育统计学》的教学，促进教育科研，我们编写了大约六十个适合于 CASIO – FX – 502P 袖珍电子计算器的常用数理统计程序，包括数据处理，数据分组，求各种特征量数，各种统计检验（μ 检验、t 检验等），回归分析，方差分析等内容，基本上解决了教育统计学中统计分析的需要。

CASIO – FX – 502P 电子计算器是近年生产出来的一种袖珍程序型电子计算器，该机使用的是改进的 BASIC 语言，具有程序语言易学、操作简单、计算快捷、结果准确等优点。学习掌握电子计算机，对促进教育科研具有重大的现实意义。

程序一：从未整理的数据求各种特征量数。（①数据个数；②极大值；③极小值；④中列数；⑤全距；⑥平均数；⑦标准差；⑧数

---

* 本文作者：叶佩华、张敏强。

据和；⑨数据平方和）

P0	INVMAC, 9, EXP, 9, 9, Min2, +/-, Min1,
LBL1	MR1, MinF, AC, HLT, xD, INVX ≥ F, Min1, MinF, MR2, 1NVx ≥ F, MRF, Min2, GOTO1,
P1	MR9, HLT, MR1, HLT, MR2, HLT, MR1, +, MR2, =, ÷, 2, =, Min·0, HLT, MR1, -, MR2, =, HLT, IN-Vx, HLT, INVσ_{n-i}, HLT, MR8, HLT, MR7

例1：下面是某校学生数学高考成绩，求参加考试学生人数；最高分；最低分；中列分数；最高分与最低分之差；平均分数；分数标准差；总分；分数平方和。

65 68 51 25 31 30 70 17 41 49 54 39 28 37 34 13 43 39
12 32 55 39 26 45 50 92 40 72 44 40 82 64 63 53 42 27
48 18 73 37 58 64 44 87 69 78 23 74 70 45 30 60 51 74
50 13 51 15 79 6 15 54 81 40 62 13 36 97 28 28 23 31
20 16 46 21 36 47 36 30 16 86 36 13 52 16 30 31 10 31
30 24 54 23 68 50 30 56 29 15 23 15 17 32 18 26 31 27

操作：按 P_0 键，依次输入数据完毕。再按 P_1 键，则依次出现：

考生人数 =108；　　　　最高分 =97；　　　　最低分 =6；
中列分数 =51.5；　　　　最高分与最低分之差 =91；
平均分数 =41.46；　　　分数标准差 =21.16；
总分 =4478；　　　　　分数平方和 =233592。

程序二：从未整理的数据归类为频数分布表。（①求各组频数；②求累积频数；③求相对累积频数）

P0	INVMAC
LBL1	HLT, Min0, AC, 1, INVIND, M+0, GOTO1,
P1	1, 0, Min0,
LBL2	INVIND, MR0, HLT, INVDSZ, GOTO2,
	MR1, +, MR2, =, Min2, HLT, MR2, +, MR3, =, Min3, HLT, MR3, +, MR4, =, Min4, HLT, MR4, +, MR5, =, Min5, HLT, MR5, +, MR6, =, Min6, HLT, MR6, +, MR7, =, Min7, HLTMR7, +, MR8, =, Min8, HLT, MR8, +, MR9, =, Min9, HLT MR9, +, MR·0, =, Min·0, HLT, 1, 0, Min0,
LBL3	INVIND, MR0, ÷ MR·0, =, HLT, INVDSZ, GOTO3

例2：求例1所给学生考试成绩各组频数；累积频数；相对累积频数。（分组按需要分为 n 组，$n=1$，2，…，19。本程序以分十组设计）

操作：由程序设计，以组数编码。在本程序中，则编码情况为：

当数据（分数）：

1~10时按 $\boxed{1}$ 键（即编码1），

11~20时按 $\boxed{2}$ 键（即编码2），

……

81~90时按 $\boxed{9}$ 键（即编码9），

91~100时按 $\boxed{1}\boxed{0}$ 键（即编码10）。

按 P_0 键，由编码规定依次输入数据完毕，再按 P1 键，依次出现：

第十组，第九组，……，第二组，第一组的频数；

第一组，第二组，……，第九组，第十组的累积频数；

第十组，第九组，……，第二组，第一组的相对累积频数。

依次依栏填入，即得频数分布表：

分组	频数	累积频数	相对累积频数	分组	频数	累积频数	相对累积频数
1~10分 编码1	2	2	0.019	51~60分 编码6	12	86	0.796
11~20分 编码2	17	19	0.176	61~70分 编码7	10	96	0.889
21~30分 编码3	21	40	0.370	71~80分 编码8	6	102	0.944
31~40分 编码4	20	60	0.556	81~90分 编码9	4	106	0.981
41~50分 编码5	14	74	0.685	91~100分 编码10	2	108	1

程序三：利用频数分布表求特征量数。（①考生人数；②平均分数；③分数标准差；④总分；⑤分数平方和）

```
P0      INVMAC, HLT, MinF, HLT, Min0,
LBL1    MRF, X, HLT, xD, MR0, M + F, GOTO1,
LBL2    MR9, HLT, INVx̄, HLT, INVσ_{n-1}, HLT, MR8, HLT, MR7,
```

例3：对例2中的频数分布表，求特征量数。

操作：先输入第一组的组中值5.5，再输入分组的组距10，再依次输入表中第二列（即频数这一列）的数值2，17，21，20，14，12，10，6，4，2。按 GOTO 2 ，则依次出现：

考生人数 = 108；　　　　　　平均分数 = 41.33；
分数标准差 = 21.41；　　　　　总分 = 4464；
分数平方和 = 233537。

上面介绍了数据整理、归类的三个程序，第一个程序直接求得考生人数、平均分数、分数标准差，这些都是精确的数据。第二个程序则利用计算机把数据整理归类，比用手工逐一划记累加方法快捷，而且准确。第三个程序则利用第二个程序的分数及频数，求得各特征量数。与第一个程序相比，第三个程序有误差，如总分就比精确数少 4478 − 4464 = 14（分），这是因为分组的缘故，但若分的组数多，数据量越大，误差就越小。如若已知分组情况及各组频数，用第三个程序则简便多了。

在对数据作统计分析和统计推断时，经常需要借助各种统计表（如正态分布表等），FX−502P 电子计算器以相应的程序，可以求得一些统计表的表中值。

程序一：求正态分布表

P0	INVMAC, HLT, Min1, HLT, Min2, HLT, M + 3, ÷, 2, =, Min0,
LBL1	MR1, Min4, MR2, Min5, GSBP3, Min6, MR1, +, MR0, =, Min4, MR$_2$, +, MR6, ÷, 2, =, Min5, GSBP3, Min7, ÷, 2, +, MR2, =, Min5, GSBP3, Min8, +, MR2, =, Min5, MR1, +, MR3, =, Min4, GSBP3, Min9, MR1, +, MR3, =, Min1, HLT (or INVPAUSE), MR2, +, [[, MR6, +, 2, ×, MR7, +, 2, ×, MR8, +, MR9,]], ÷ 6, =, Min2, HLT (or INVPAUSE), GOTO1,
P3	[[, MR4, INVx^2, ÷, 2, +/−,]], INVe^x, ×, MR3, ÷, [[, 2, ×, Π,]], INV√ , =

操作：按 P$_0$ 键，分别输入初值 $x_0 = 0$，$y_0 = 0.5$，步长 $h = 0.01$，则显示窗先显示 0.01，再显示 0.503989356 [即当 $\mu = 0.01$ 时，$\Phi(\mu) = 0.503989356$]，继续显示 0.02，0.507978313 [即当 $\mu = 0.02$ 时，$\Phi(\mu) = 0.507978313$]，……，这样一直下去就把整个正态分布表求了出来。

程序二：求标准正态曲线纵线 y 值表

```
P0      INVMAC, HLT, Min1, HLT, Min2,
LBL1    MR1, INVx², ÷, 2, =, +/−, iNVeˣ, +, [[, 2, ×,
        π,]], IVN√ , =, HLT, MR1, +, MR2, =, Min1,
        HLT, GOTO1
```

操作：按 P_0 键，输入初值 $x_0 = 0$，步长 $h = 0.01$，显示 0.39894228（即当 $x = 0$ 时，$y = 0.39894228$），继续，显示 0.01，0.398922333（即当 $x = 0.01$ 时，$y = 0.398922333$），……，这样就把整个标准正态曲线纵线 y 值表求了出来。

程序三：求二项分布表

```
P0      INVMAC, 1, MinF, 0, Min0, HLT, Min1, HLT, Min3, Min·0
LBL1    MR0, GSBP1, INVISZ, MR0, INVx≥F, GOTO2, GOTO1,
LBL2    1, −, MR5, =, HLT, 1, M+F, MR1, INVx≥F, GOTO1,
        GOTO4
LBL4    1, MinF, 0, Min0, Min5, MR·0, M+3, GOTO1, GOTO5,
LBL5    MR5, GOTO1,
P1      MR1, −, MR0, =, Min4, MR1, INVx!, ÷, MR0, INVx!,
        ÷, MR4, INVx!, ×, MR3, INVxʸ, MR0, ×, [[, 1, −,
        MR3,]], INVxʸ, MR4, =, M+5,
```

操作：按 P_0 键，输入 n 值，P 值（P 值也可认为是步长）则依次把整个二项分布表中值求了出来。

程序四：求泊松（Poisson）分布表

```
P0      INVMAC, HLT, Min1, HLT, Min·0,
LBL3    1, M+F,
LBL1    MR1, +/−, INVeˣ, ×, MR1, INVxʸ, MR0, ÷, MR0,
        INVx!, =, M+2, INVISZ, MR0, INVx=F, GOTO1, GOTO2,
LBL2    1, −, MR2, =, INVRND7, Min3, HLT, MR3, −, 1, EXP,
        7, +/−, =, Min4, INVx≥0, GOTO3
        MR·0, M+1, 0, Min2, Min4, MinF, Min0, GOTO3
```

操作： 按 P_0 键，输入 $\lambda_0=0.01$，步长 $h=0.01$，则依次把整个泊松分布表值求了出来。

以上所列四个求统计表值的程序，也可以求出某一指定的表中值，这时就必须输初值时输入所指定的值，并输步长为 0 即可。有了这些统计表程序，在手中缺乏表时也同样可以做出统计推断。

教育科学研究新途径的探索[*]

现代社会科学的许多领域都在经历着数学化的过程,把数学方法作为研究社会科学的主要工具之一。马克思和恩格斯都非常重视数学,马克思在《资本论》中,就利用数学研究社会再生产等问题,恩格斯在《自然辩证法》中指出:"数学:辩证的辅助工具和表现方式。"这是对数学的一个很好的总的评价。马克思还说过这样的话(大意):一种科学只有当它达到了运用数学时,才算真正发展了。

(时任)中国社会科学院院长马洪在1982年11月20日召开的中国社会科学院第一届院务委员会第二次会议上谈社会科学知识更新的问题时指出:"社会科学工作者要根据需要和可能学一点数学。"还指出:"社会科学可以分为质的研究和量的研究。质的研究是十分重要的,因为它是对事物本质和属性的认识。尤其我们从事社会科学研究,不能离开质的研究。但是,在质的研究的基础上还需要量的分析和研究,甚至要通过定量来定质。心中有数,对事物的性质的认识,才能更加准确,更有把握。""所谓量的分析和研究,就是揭示事物与事物之间以及事物内部的数量关系。这就需要数学工具。"而质的研究和量的研究,即是我们平常所说的定性研究和定量

---

[*] 本文作者:叶佩华、张敏强。

研究。

当代自然科学与社会科学内部各学科的相互影响和相互渗透，表现为某一学科的发展日益以其他学科的发展为先决条件，日益受其他学科技术发展的制约。四十年代①由于军事需要而发展起来的电子计算机，是当前世界上对科学技术、工农业生产影响最大的技术。电子计算机的日益发展、普及和应用，已经成为衡量一个国家现代化水平的显著标志，因此，也成为每一门科学（学科）发展程度如何的重要标志，比如，以电子计算机研究数学，促进了数学理论的深入研究、数学方法的广泛应用，同时也产生了许多新的数学分支。

教育科学是一门研究社会现象的科学，教育科学研究的对象是人，人具有的社会性和自然性这两种属性，决定了教育科学既受社会发展规律的支配，也受自然发展规律的支配。作为属于社会科学范畴的教育科学，就更有必要引用数学方法去研究教育问题，也就是说，教育科学既要做定性的研究，也十分必要做定量的研究。

当然，我们应用数学方法研究教育科学，不能停留在马克思时代的数学水平上，应用数学方法研究教育科学，就要注意数学发展的新动向、新成就，随着数学的发展而发展，既要引入新的数学方法，又要注意结合教育科学的本身特点，从而更好地吸收现代科学技术的新成就。就好像教育统计学的发展那样，在二十年代②只是引入了一般的描述统计方法，随着研究随机性的概率统计的理论和方法的发展，在四十年代③引入了小样本理论、统计估计、统计检验等内容，使推断统计成为教育统计学的主要内容，随后，又引入了非参数统计法、因素分析法等内容，使教育统计的内容更为充实、丰富，适用范围更为广泛。七十年代④由于电子计算机的广泛应用，教育统计学又引入电子计算机处理数据和统计分析等内容，使教育统计学使用了现代化的手段。然而，随着概率统计与教育学的理论和方法的发展，教育统计学也将会继续引入相应的内容和得到相应的发展。

在现代数学的许多分支中，有哪些数学方法和现代科学技术可以引入教育科学研究中，如何建立相应的数学模型？如何运用现代科学技术？我们认为可以从数量化理论（theory of quantification）、模糊数学（fuzzy mathematics）、电子计算机的应用等三个方面来探索教育科学研究的新途径。

---

①③ 指20世纪40年代。

② 指20世纪20年代。

④ 指20世纪70年代。

1. 数量化理论在教育科学研究中应用的探讨

多元分析是数学的一个分支,而数量化理论又是多元分析的一个分支。它始于五十年代①,起初它的应用仅限于"计量社会学"方面。随着电子计算机的广泛应用,六十年代②以后,它在自然科学领域中的应用日益增多,而在社会科学中则远远不及在自然科学中的应用,这是一个值得深思的问题。

在教育科学研究中,我们所遇到的变量,由于其变化的情况不同,同样可分为两种:一种是我们常说的变量,如学生学习成绩,入学人数,学生的身高、体重等等,称之为定量变量;另一种变量并非真有数量上的变化,而只有性质上的差异,如学生性别(男、女)、家庭出身(工人、农民、干部、知识分子)等等,称之为定性变量。与定量变量和定性变量相应的数据也就分别称为定量数据和定性数据。

数量化理论的主要内容和目的,就是把定性变量及其数据,设法按某一合理原则,实现向定量方面的转化,并以得到的定量数据为基础进行预测或分类等研究。

由于教育科学的特点,教育科学的研究,既需要做定性的研究,也需要用定量的描述、分析和研究,通过一定的数量关系就更能说明事物的性质。数量化理论为教育科学提供的研究方法是:按照一定的合理原则对定性变量及其数据,实行向定量方面的转化。例如,研究学生的性别、家庭出身对学生学习成绩有多大的影响?何者为主要因素?许多的研究结论都只能做定性的说明,缺乏令人信服的论据,以致长期以来对该问题都有较大的争议。如果应用数量化理论,则可把定性变量转化为定量变量。转化的方法是,把定性变量(性别,家庭出身)称为项目(item),把定性变量的各种不同的"取值"(男、女,工人、农民、干部、知识分子)称为类目(category),根据如下的数学公式:

$$\delta_i(j, k) = \begin{cases} 1, & \text{当第 } i \text{ 样品中第 } j \text{ 项目的定性数据为 } k \text{ 类目时} \\ 0, & \text{否则} \end{cases}$$

确定 j 项目之 k 类目在第 i 样品中的反应。而且对于相同的样品和项目的全部类目之和(相同的 i、j),还有:

$$\sum_{k=1}^{r_j} \delta_i(j, k) = 1$$

---

① 指 20 世纪 50 年代。
② 指 20 世纪 60 年代。

然后，就可依据相应的数学方法对问题做定量的研究，并据此做出预测或分类。

数量化理论这一数学方法，使教育科学的研究不仅可以利用定量变量，而且可以利用定性变量，从而能更充分地利用搜集到的信息，更全面地研究并发现教育问题的内在联系及内在规律。

2. 模糊数学在教育科学研究中应用的探讨

模糊集合的概念是美国控制论专家查德（L. A. Zadeh）在1965年第一次提出来的，这也标志着模糊数学的诞生。模糊数学是研究和处理模糊性现象的数学。所谓模糊性，主要是指客观事物在差异的"中介过程"时所呈现的"亦此亦彼"性。

假如说，概率论的产生，把数学的应用范围从必然现象的领域扩大到偶然的领域，模糊数学则把数学的应用范围从精确的领域扩大到模糊现象的领域。概率论研究和处理随机性，模糊数学则研究和处理模糊性。而二者都同属于不确定数学。

由概率统计与教育学相结合，产生了现代教育统计学，教育统计学在教育科学研究中的作用，是得到广大的教育工作者承认的。模糊数学如何与教育学、心理学相结合呢？

实际上，教育科学的研究对象，很多是没有明确外延的，而教育科学又是一门非常复杂的科学，复杂的东西又是难以精确化的。电子计算机的出现，在一定程度上解决了这个矛盾。然而，正是由于电子计算机的出现，使得这种矛盾更加激化：一方面，严密的程序要求高度的精确；另一方面，机器所执行的日益繁难的任务，使它面临的系统日益复杂。查德说过："当系统的复杂性日趋增长，我们作出系统特性的精确然而有意义的描述的能力将相应降低，直至达到这样一个阈值，一旦超过它，精确性和有意义性变成两个几乎互相排斥的特性。"这就是说，复杂程度越高，有意义的精确化能力便越低。

教育科学研究的目的，就是要深入研究复杂的教育问题，寻找它们的内在联系和规律。但在我们遇到的问题中，许多问题外延是不明确的，这就给教育科学研究带来了妨碍，使研究工作不能有的放矢，明确研究的对象。

仅以模糊统计为例来说明。

概率统计与模糊统计的最大不同之处是：概率统计中的事件 A 是固定的，变元 ω 是不可变的；模糊统计中的元素 μ_0 是固定的，A_λ 是可变的，即对一个模糊子集 $\underset{\sim}{A}$，它具有一个弹性的疆域 A_*。而概率统计与模糊统计的一致性都是用确定的手段去研究这种不确定性。

我们教育科学研究的许多课题是研究"青年人"问题，比如说"青年人"的智力水平，"青年人"的品德，等等。但"青年人"究竟包含哪一个年龄阶段，就会有相当多的不同看法，也就是说，我们以研究"青年人"问题为课题，但"青年人"这一研究对象却是不明确的。武汉建材学院做了一个抽样试验，选择了一百二十九位合适人选，在他们独自认真考虑了"青年人"的含义以后，报出了他们认为"青年人"的最适宜的年限，这一百二十九人分别报出了 14～25 岁，15～27 岁，……，18～35 岁等一百二十九个不同年限的数据。

用模糊数学的语言来说，在论域 $U = \{0, 100\}$（单位：岁），$\underset{\sim}{A}$ 是"青年人"在 U 上的模糊集，选取 $\mu_0 = 27$，用模糊统计试验并利用这一百二十九个试验数据则可以确定 $\mu_0(27) = 0.78$，即 27 岁对于青年年限的隶属频率稳定在 0.78 附近。从而教育科学研究人员，就可以利用所得的"青年人"隶属函数的曲线，采取隶属函数的统计求法，明确研究方案，有的放矢地进行研究工作。

目前国内有的教育工作者、数学工作者或其他学科研究人员也在尝试应用模糊数学综合评判教学过程、心理测量、诗词语义的分析、方言的研究等方面的研究工作，并发表了一些研究论文，这里就不一一论及了。

3. 电子计算机在教育上应用的探讨

现代教育问题的研究，一般都是多因素（多元）的。电子计算机的应用，即促进了教学的发展，反过来计算机也得到了进一步的发展，从而使电子计算机的应用越来越广泛。

首先，电子计算机的应用，使教育科学应用数学方法为研究工具不仅成为"可能"，而且已经成为势在必行的"现实"。因为教育科学的研究往往会收集到大量的数据，由于教育问题的复杂性，研究的对象大多是多因素（多元）的，没有电子计算机处理数据和分析，则无法有效地运用数学方法来研究教育问题。特别是一些近年来借助电子计算机的发展而产生的数学分支，大都把计算程序作为该分支的一个重要内容。可以认为：数学之所以成为解决多变量、应用广泛这一强有力的工具，是与电子计算机的发展分不开的。教育科学能否应用电子计算机关系到教育科学是否发展到现代化的程度。国外在七十年代[①]初把电子计算机应用到教育统计上，促进了教育统计学在教育科学研究中的应用。国内在教育统计方面引入电子计算机则首先是叶佩华主编的《教育统计学》一书。

其次，电子计算机原来主要是用于解决计算问题，现在电子计算机则迅速地

---

① 指 20 世纪 70 年代。

使用于教学、多种教学媒体综合化。它不仅是处理科学信息的有效工具，而且是实现自动化教学的重要工具。美国中等教育中电子计算机的应用，已稳定地赶上了它在商业和工业中的应用。电子计算机用于教学主要是两种模式：计算机辅助教学（CAI）、计算机管理教学（CMI）。国内教学运用电子计算机则是在试验的阶段。目前，华南师范大学、广东省教育科学研究所正在研究利用电子计算机辅助教学，作为教学评价的工具，其主要做法是根据日本庆应义塾大学藤田广一教授一九六九年发明的对课堂教学效果评判的方法（简称 S–P 表），制造了相应的电子教学仪器。而电子计算机运用到教学管理的研究，也正在进行。上海师院数学系丁元等同志，就利用电子计算对毕业生的学习成绩做主成分分析，从而提出毕业生分配方案，为量才用人提供了依据。利用电子计算机统计高考分数等等，则早已在进行了。

当然，上面所提的三个探讨性问题，只是我们所做的一点工作，而其他的数学分支和数学方法，如控制论、信息论、系统论等也应该可以应用到教育科学研究中来，实际上，国内已有许多科研人员在做这一方面的探讨工作了。

应当承认，教育科学在较长的时间里，忽视定量的研究，不欢迎数学方法，特别是五十年代[①]受苏联影响，我国连教育统计学、教育测量学的教学和研究都取消了，造成了长期无人问津的局面，远远落后于世界水平。但教育科学忽视定量研究，也有其内部的原因：一是长期以来，教育科学工作者就忽视自然科学知识特别是数学知识的学习，所以，就无法应用数学方法去研究教育问题。比如，数量化理论就是专门为研究社会科学而产生的一门数学分支，由于我们不敏感，长期都未能有效地应用。二是教育科学的因素复杂和难以控制，如人的智力、能力等等，会随着年龄的增长而变化，且有些变量不易或不可能直接测度，而通过间接的手段测量所得的数据，其可靠性和有效性均不易得到保证。二者相比，前者是主观因素，后者是客观因素，首先要解决的是主观认识，要认识到应用数学方法研究教育问题是必要的，再通过主观努力去克服客观困难。

值得庆幸的是，1979 年第一次教育科学规划会议上，在与会代表的提议下，恢复了教育统计学的教学和研究工作，人民教育出版社出版了教育部委托叶佩华主编的《教育统计学》作为通用教材。几年来，报纸杂志发表了不少运用统计方法分析问题的好文章，并开始介绍了有关教育测量学的基本知识。中央教育科学研究所主办的《教育研究》杂志，经常都以较大的篇幅登载这方面的文章，

---

① 指 20 世纪 50 年代。

这就为教育科学研究的数量化创造了很好的形势。

把数学方法应用到教育科学研究中,尽可能用数学关系式揭示教育的客观规律,阐明它们之间的数量和质量的关系,就能使教育领域内的某些问题得到适当的解决。我们已有教育统计学和教育测量学这两门结合数学方法建立起来的学科,所以,只要我们继续不断地从数学的新发展中吸取营养,结合教育科学的特殊性,努力把精确的数学方法应用于教育科学研究中,那么就能更好地促进教育科学的发展。

但应用数学方法研究教育问题,也应当注意几个问题:

(1) 应用现代数学方法研究教育问题是一个新课题,许多问题尚在探讨阶段,对于各种各样的数学方法的应用,应积极支持鼓励,但对推广使用应该慎重。要提倡百家争鸣,建立符合中国教育实际的数学模型。但是,引入数学方法要特别防止不问情况的误用或滥用。就好像统计学一样,正确使用是一有力武器,错误使用则是一危险的武器。

(2) 定性变量在许多教育问题的研究中是不可忽视的,某些定性变量甚至是起决定性作用的。在应用数学方法对教育科学做定量研究的同时,并不排斥教育科学的定性研究,还要尽力寻找定性研究结论与定量研究结论的共同点。数量化理论使定性变量和定量变量相互转化,也就是在于用定性变量和定量变量进行预测、分类。所以,要特别注意不能用定量研究方法取代定性研究方法。

(3) 在应用数学方法对教育科学做定量研究的同时,要遵循教育科学本身的客观规律和特点,引入相应的数学方法,建立相应的数学模型,不能忽视和抹杀教育科学本身的独立性和特殊性。要做好这一工作,一方面要求教育科学工作者学习数学知识,另一方面要数学工作者给予协作,共同从事数学方法应用于教育问题的研究工作,解决有关问题。

以上的看法仅是我们所做的一点探索性工作,不一定正确。欢迎同志们给予指正。

参考文献

[1]《自然辩证法讲义》编写组. 自然辩证法讲义:初稿 [M]. 北京:人民教育出版社,1979.

[2] 马洪. 略论社会科学知识更新的若干问题 [J]. 中国社会科学,1983 (3):8.

［3］叶佩华，张敏强. 教育统计学的产生、现状及发展趋势［J］. 教育研究，1982（12）：3.

［4］董文泉，周光亚，夏立显. 数量化理论及其应用［M］. 长春：吉林人民出版社，1979.

［5］汪培庄. 模糊数学简介（Ⅰ）［J］. 数学的实践与认识，1980（2）：46-60.

［6］汪培庄. 模糊数学简介（Ⅱ）［J］. 数学的实践与认识，1980（3）：53-64.

［7］叶佩华，陈一百，万梅亭，等. 教育统计学［M］. 北京：人民教育出版社，1982.

［8］丁元，李伟明. 计算机管理教学的尝试［J］. 数理统计与管理，1983（1）：2.

1984

常用数理统计计算程序（Ⅱ）

程序一：元回归的方差分析、回归方程及预测

P0	INVMAC
LBL1	INVISZ, MR0, HLT, xD, ×, 0, HLT, M+6, Min3, =, M+4, MR3, INVx², M+5, GOTO1
P1	MR4, -, MR6, ×, MR8, ÷, MR9, =, Min·4, HLT, MR7, -, MR8, INVx², ÷, MR9, =, Min·7, MR5, -, MR6, INVx², ÷, MR9, =, Min·5, MR·4, INVx², ÷, MR·7, =, Min·6, HLT, MR·5, -, MR·6, =, Min·1, HLT, MR9, -, 2, =, Min·2, MR·1÷, MR·2, =Min·3, MR·6, ÷, MR·3, =, HLT, MR·4, ÷, MR·7, =, Min·9, HLT, MR6÷, MR9, MinF, -, MR·9, ×, MRINV$\overline{X}$, =, Min·0
LBL2	HLT, X, MR·9, MR·0, =, GOTO2,

例1：求下面六对观测值的一元回归方程，并当 $X_0 = 50.1$ 时，预测 y_0 值。

x	49.0	49.3	49.5	49.8	50.0	50.2
y	16.65	16.80	16.85	16.95	17.05	17.05

操作：按 P0 键，依次输入 $x_1 = 49.0$，$y_1 = 16.65$，…，$x_6 = 50.2$，$y_6 = 17.05$。按 P1，得：

$1xy = 0.3467$，　　　$U = 0.1186$，　　　$Q = 3.4868$

$F = 136.04 ***$　　　$b = 0.3421$，　　　$a = -0.0881$

再输 $x_0 = 50.1$　　　得 $y_0 = 17.05$

程序二：单向方差分析

```
P0
LBL1    INVMAC, HLT, Min1, Min8, 0, HLT, Min2, Min9,
        2, Min0,
LBL2    0, HLT, INVx = 0, GOTO6, M+3, INVx², M+4,
LBL3    INVIND, INVDSZ, GOTO2,
        INVDSZ, INVIND, INVDSZ, GOTO4, GOTO5,
LBL4    GSBP1, 2, Min0, Min9, Min2, 0, Min3, MinF, GOTO2
LBL5    GSBP1, MR8, ×, MR9, -, MR7, =, Min7,
        MR5, INVX², ÷, MR7, =, Min1,
        MR4, -, MR1, =, Min2, HLT,
        MR6, -, MR1, =, Min3, HLT,
        MR2, -, MR3, =, Min4, HLT,
        MR3, ÷, [[ (, MR8, -, 1, ]], =, Min5, HLT,
        MR4, ÷, [[, MR7, -, 8, ]], =, Min6, HLT,
        MR5, ÷, MR6, =, GOTO1
LBL6    1, M+F, 0, GOTO3
P1      MR3, M+5, INVX², ÷, [[, MR9, -, MRP, ]], =,
        M+6, MRF, M+7,
```

例2：对表中数据做单向方差分析。

项目	1	2	3
1	90	96	84
2	92	93	86
3	88	96	82
4	93	97	83

操作： 输行数 = 4，输列数 = 3，

依次输入 $X_{11}=90$，$X_{12}=96$，$X_{13}=84$，…，$X_{41}=93$，$X_{42}=97$，$X_{43}=83$，

则显示，$S_T=312.0$　$S_p=8.8667$　$S_e=303.3333$，

$MS_T=2.88$　$MS_E=37.92$　$F=0.076$

中国教育统计学研究会（筹）工作汇报

同志们，在中国教育学会的领导关怀下，在华南师范大学、广东省教育科学研究所的支持下，全国教育统计学首届学术讨论会召开了。在此，我向大会汇报一下中国教育统计学研究会近年的工作，请同志们审议。

一、中国教育统计学研究会筹委会简况

1981年7月筹备成立中国教育统计学研究会，成立了以叶佩华同志为组长，由万梅亭、郝德元、陈一百、王汉澜、曹延亭、杨宗义等七位同志组成的中国教育统计学研究会筹备组，杨宗义同志兼任秘书长，曾桂兴同志任秘书，并报请中国教育学会备案。会址设在广州华南师范大学内广东省教育科学研究所教育统计学研究室，由秘书组负责处理研究会的事务工作。

当时，由于中华人民共和国成立以来停止了教育统计学的教学和研究，一些有教育统计学专长的学者、专家纷纷改行。只是在1979年第一次全国教育科学规划会议上把教育统计学重新列为教育系的必修课程和作为一门学科来研究以后，才获得了新生，而这时教育统计学专业几乎处在无人接班的地位，教育统计学的理论和方

法的研究几乎为零。而在国外，特别是美国，在教育统计学的研究和应用方面却取得了很大的成就。就是苏联，亦没有完全抛弃教育统计学的应用，如赞科夫在他的实验报告上就说过："一切必要和可能的地方都用了统计方法"。

中国教育统计学研究会就是在如此困难的条件下开始工作的。在全体会员的积极努力下，在上级的支持下，仅三年时间，教育统计学研究会就得到了一定的发展。

（1）会员状况。第一批批准了40名同志为会员，其中有副教授以上职称的12人，讲师16人，其余12人为大学教员、助教、中学教师、教育行政干部。这批同志大都有业务专长，或在工作中有相当的成绩。随后，由各地会员介绍、审查，陆续吸收了一批热爱专业的同志入会，使会员人数已有60多人。新近入会的一批同志，大多是各院校专门从事教育统计学的教学和研究的教师，有较好的数理基础。他们的参加对于教育统计学这一交叉学科的发展，会有较好的促进作用。

中国教育统计学研究会会员人员虽然不多，但已遍布全国各大区及大部分省市，是一支老、中、青三结合的队伍，充分证明了教育统计学这一学科在全国开始受到一定的重视，也表明了教育统计这一学科后继有人。

（2）增加了大批的图书资料。1980年以前，很难看到教育统计学的书刊，自恢复了教育统计学的教学和研究工作以来，各院校和科研单位都较多地购进了关于教育统计学的图书与资料，力图更好更快地了解国外教育统计学的研究动态和发展方向，这对于促进我国教育统计学的研究和教学，都起到了很大的促进作用。

（3）增加了现代计算工具，作为教育统计学的研究和应用的辅助工具——电子计算机（器），在1980年，只有个别院校有函数型电子计算（器），极个别的院校有程序型电子计算器。但据我们1983年8月份的不完全统计，被调查的14个单位，都有电子计算机（器）作为研究的辅助工具，14个单位的电子计算机（器）的总台数达276台，少数院校还购有程序型电子计算器或微型电脑。电子计算机是教育统计学的研究和教学不可缺少的工具。利用现代计算工具促进教育统计学的教学与研究的设想，逐渐为广大的教育统计工作者所接受，也日益得到有关领导的重视和支持。

二、中国教育统计学研究会的主要工作成绩

教育统计学是应用统计学的一个分支，是处理和研究教育问题的一种科学方法。因此，教育统计学的研究领域主要应包括教育统计学的理论、方法和它的应

用。教育统计学的任务是应用统计方法,特别是数理统计方法来处理和研究教育问题,即掌握教育情况,探索教育规律,制订教育方案,检查教育效率。

几年来,根据不完全调查,我会会员主要做了下面几项工作。

(1) 编写讲义和出版教科书。自1980年以来,全国各师范院校都先后开设了教育统计学课程。在全国统编教材出版之前,一些同志积极地编写讲义,以供教学和科研的急需。如西南师院杨宗义同志、湖南师院李仲涟同志、南京师院班华同志、河南师大王汉澜同志、西北师院景时春同志、华东师大王孝玲同志、广东教科所曾桂兴同志、杭州大学王权同志等都编写了讲义。同时,在教育部的领导下,在全国各地会员同志的大力支持下,中华人民共和国成立以来第一部《教育统计学》教材于1983年由人民教育出版社出版发行。近年来正式出版的专著还有张厚粲、孟庆茂同志合编的《心理与教育统计》,郝德元同志编的《教育与心理统计》,左任侠同志编的《教育与心理统计学》,等等。

(2) 研究教育统计学的理论和方法及教育统计学的基本知识。在实际工作中我们体会到,教育统计学工作者除了要深入研究教育统计学的理论和方法外,还应当大力普及教育统计学的知识,以促进教育科研。

各地会员除了为教育系开课外,还为做好普及的工作,积极举办各种类型的教育统计学讲习班或讲座,以扩大影响。山东师大赵承福同志举办了"山东省教育统计学讲习班",四川省重庆教育局卢智勇同志举办了"教育特政干部教育统计知识讲习班",广东省教科所多次应邀为"广东省工交系统教育行政干部学习班"开设教育统计学讲座,等等。这些讲习班或讲座都起到了很好的宣传和普及作用。

全体会员努力开展教育统计学的科研,撰写科研论文,在国内教育杂志、大学学报上发表。例如,在中央教育科学研究所主办的《教育研究》杂志上,每年都有相当数量的专门研究教育统计的理论和方法的论文发表(至于应用统计方法分析教育问题,开展教育实验,处理数据的教育论文,在近几年来,就更多了)。而教育统计方法的应用,也从描述统计发展到以推断统计为主,从一元分析开始发展到多元分析,并且还在开展新的探索。

东北师大曹延亭副教授,几年来在报纸杂志发表了较多的有关教育统计学的研究论文和普及性文章,宣传教育统计学在教育实际问题中的应用,深入浅出地介绍教育统计学的基本理论和方法,深受读者好评。

上海育才中学李伟明同志,多年来结合中学教学及教学管理等方面的问题,应用教育统计学的基本原理和方法,探索解决中学教学和教学管理中遇到的问题,先后在多种报纸杂志上发表了近20篇文章。

在全体会员同志的努力下,使越来越多的教育工作者自觉地应用统计方法去分析研究教育问题，使教育科学的研究不但注意定性研究，也能注意定量的研究，特别是一些重大的教育科学实验，由于正确地应用了统计分析这一科学方法，使实验的结果更为可靠。

（3）结合高考开展教育统计学应用的研究。教育测量学与教育统计学有极为密切的关系，而且相互为用。高考是一个涉及面广，受到全国亿万人民注目的问题。开展高考的研究，对改革高考制度，保证人材的选拔，探索适合我国国情的高考，无疑有很大的现实意义。因为在高考问题上，从命题的形式，对考生能力的考察，考点分布，检查评卷情况，试卷的评分、分数的统计分析，决定录取分数线，等等，无一不应用到教育统计学的知识。所以，近年来，一些省市已密切注意高考，把高考作为一个突破口来推广教育统计学的应用。

北京师大心理系在张厚粲等同志的指导下，在教育部的支持下，对1978、1979、1980年的高考试题逐题做了统计分析，对改进高考的命题形式和方式，起到了很好的促进作用（结果分别见《北师大学报》及《教育研究》）。

李伟明同志参加了上海市招生办组织的科研工作，对1983年全市三万多考生的考试成绩做主成分分析，找出了影响考生成绩的主要因素，还对1983年的数学试卷做了全子样的统计分析，分别求出1983年高考数学试卷的信度、区分度、难度等项指标，从而对命题的质量和存在问题做了恰当的评价。

广东省教育科学研究所在广东省招生办的支持下，运用大型电子计算机对广东省八万多考生的考试成绩做了统计分析，研究了高考预选问题，并用因素分析法对1983年试题对各类考生所能考察到的能力做了分析，取得了十分有益的结果。他们还开展了标准分与原始分的录取内部测算的工作，这项工作已进行了多年，也引起了各方面的关注。

（4）积极探索研究教育科学的新途径。教育统计学在科学技术日新月异的今天，如何进一步发展，也引起了会员同志们的关注。如何跳出原有的框框进行新的探索，许多同志也在开始了这方面的工作了。如何更好地应用多元统计的理论和方法来研究教育问题，多元统计中的一些新理论、新方法，比如数量化理论如何在教育科学研究中应用的问题，也引起了同志们的重视。更进一步，模糊数学如何在教育科研应用的问题，也正在逐步得到重视，相信通过努力和探索，我们一定可以更快更好地开拓新的研究领域。

（5）在广东省高教局的大力支持下，在会员同志们的积极支持下，我们克服了重重困难，出版了《教育统计与测验文选》作为会刊，以内部交流的形式发行。一是作为普及教育统计知识的阵地，二是能发表会员同志的科研成果。经过努力，使《教育统计与测验文选》从油印发展到铅印，印刷由每期印300份发展到每期2000份，发行量从200多份发展到1983年除赠送外订户1500多份，订户不但有大学、科研机构，这有许多是中学、教育行政机关，这说明，《教育统计与测验文选》是受到欢迎的。

三、教育统计学的展望

教育统计学是一门应用科学，由于它的实用性和严谨性，是教育科学研究中的一有力工具。但在我国，教育统计学未受到应有的重视，从事教育统计学研究的队伍还很薄弱，目前偏重于教学上，应用还不普遍，对理论和方法的研究还刚开始，发展也不平衡，空白点较多，普及面也不广，虽然自1979年以来我们在恢复这门学科的教学和研究、推广普及和应用做了许多工作，并取得了不少的成绩，但离中国教育的实际要求，与国外的先进水平相比较，仍有较大的差距。

（1）对教育统计学的普及工作做得远远不够，特别是在中、小学，能正确应用统计方法去分析教育情况和进行教学管理的很少。主要原因是未大力开展宣传，中、小学教师和干部对教育统计学了解甚少。所以，有赖于全体会员同心协力，团结所能联系的同志一起开展教育统计学的普及工作，以事实来说明教育统计学的实际应用和意义，争取社会上的支持和重视。各大专院校的教育系，要提高讲课的质量，积极开设好这门课程，使教育系的学生成为既是宣传员又能实际应用统计方法来处理教育问题。普及工作的目的就是要使更多的人能应用教育统计学这一工具去处理教育问题，故要注意教育统计学的实用性，使教育工作者都能接受它，应用它。还应该继续办好《教育统计与测验文选》，积极撰写稿件，并大力做好发展宣传工作，扩大发行量。扩大订户的工作要各位会员协助完成。

（2）我们在教育统计学的理论研究和应用方面，与国际水平有一定的差距。因为教育科学是研究人的一门科学，具存多维性、复杂性等特点。而我们目前的研究和应用大多是限于一元的研究和应用，对多元统计分析的应用和研究未提到应有的地位，宣传也不够。因此，在理论研究方面，要逐步打破这种局面，要向多元统计方面进军，对一些问题要敢于创新，立足于发展，不要怕引起争论，要开展争鸣。比如主成分分析、因素分析、数量化理论等多元统计分析的方法如何更有效地在教育科学研究中应用，就需要全体会员共同努力，通力协作。

最近，我们看了一些国外的教育杂志，对国外的教育统计的应用有了一个大概的了解。例如，日本1980年的《数学教室》杂志应用了主成分分析方法来研究教学问题，而我国上海师院数学系也应用了主成分分析方法来研究大学毕业生分配问题（见上海师院学报1982年第3期）。美国芝加哥大学1983年5月83卷第五期出版的 The Elementary School Journal 在比较学业成绩时，用单样本多元均值比较的 T^2（Hotelling 统计量），而我国上海的一些同志也应用多元母体的

（Wilks 统计量）比较高考成绩。

总的看来，在理论研究方面差距不很大，而在应用方面则有较大的差距，这就对我们全体会员提出了更高的要求，除了要了解教育统计学的发展趋势外，还应当认真学好数学和自然科学基础知识，以利于深入研究教育统计学。

（3）教育统计学的应用，不能被动地处理数据，要做到教学与科研相结合，要与教育的实际问题相结合。要根据教育科学研究的目的，有计划、有组织地精心安排教育调查和教育实验，为使收集到的数据可靠、正确，就必须做好教育实验设计，要结合教育测量学的基本要求去收集数据，使所得的研究结论更为科学、合理。杭州大学王权同志前不久翻译了一本美国 D.C. 蒙哥马利著的《实验的设计和分析》，很有启发。广东省教科所教育统计学研究室正在组织力量编写一本《实验设计》，现已大体上完成初稿，拟经过实验和深入的研究，编写成《教育实验设计》。至于教育测量方面，江西师大漆书青同志在教育系开设了这门课程，同时翻译了《教育测量纲要》一书，广东省教科所也已译出了《心理与教育测验及其评价》一书，现正在组织统稿校对。因此，教育统计学的研究，一定要与各紧密相关的学科联系起来，才能使教育统计学的研究进一步深入。

同志们，几年来全体同志做了大量的工作，对促进我国教育统计学的研究和应用做出了很大的贡献，这次学术讨论会的召开，标志着教育统计学研究和应用将会有一个更好的局面，愿我们全体会员同志能同心协力，兢兢业业，努力开创更好的局面。

1984 年 1 月

浅谈《实验的设计和分析》

编者按：一个正在从事某个课题研究的科学工作者、工程师、农艺师等，除了要精通自己的专业之外，还需要学会和科学打交道，和自然打交道，和生产过程打交道。他们不仅要通过观察去听科学"演讲"，而且要利用实验去和科学"交谈"，和自然"对话"。从这个意义上说，实验设计是他们必不可少的语言。本文题目是编者所加。

为了便于向读者说明实验设计的必要性，我们先从一个例子说起。

［例］一种代号为 T 的疾病，有两种治疗方法：A 和 B。现有资料表明，用这两种方法一共治疗了 390 位病人，其中接受方法 A 治疗的有 160 人，接受方法 B 治疗的有 230 人，治愈率如下：

方法 A 治愈 60 人　　　治愈率 60/160 = 0.38（38%）
方法 B 治愈 65 人　　　治愈率 65/230 = 0.28（28%）

从治愈率来看，对于疾病 T，方法 A 的治愈率高于方法 B 的治愈率。

然而，当我们考虑到病人中性别差异这一因素时，则得到表 1。

表1　治疗情况统计表

性别	方法 A	方法 B
男	20/100 = 0.20（20%）	50/210 = 0.24（24%）
女	40/60 = 0.67（67%）	15/20 = 0.75（75%）
总治愈率	60/160 = 0.38（38%）	65/230 = 0.28（28%）

从表中我们则看到，无论是男患者、女患者，方法 B 疗效都优于方法 A；再就是无论是方法 A 或方法 B，女患者的治愈率都大于男患者。

这就引起了我们的考虑，同样一组数据，当我们采用不同的分析方法时，竟然得出的是截然相反的结论。这显然与我们研究的设计有关。要搞实验，就有必要搞好实验设计，统计分析只是完成实验设计的一种手段，不是为统计而统计，只有做好实验设计，我们才能科学地收集数据、处理数据，分析问题、研究问题，从而得到正确、可靠的结论。

一、什么是实验设计

在说明什么是实验设计前，我们先解释实验这一名词。

实验是一种计划好的、有控制的调查研究。其目的是为了解答问题、检验假设和估计效应大小。通过实验，研究者可以获得新的事实，或者证实、或者否定、或者修改以前的研究结论。这种调查研究有利于管理工作者做出正确的、明智的决策。例如在工农业生产中要推广一种新的品种、要改进某种工艺、要实行一种新的操作流程；在教育上要试图推荐某种教材；等等。要作出明智的决策，都需要进行科学的实验，以对假设进行验证，对效应做出估计。

实验设计是应用数学和应用统计学的一个分支。它是为了回答研究人员的某些问题，根据特定的数学模型，遵循费希尔（R. A. Fisher）提出的三大原则（随机化、重复和局部控制），有利于安排实验、取得数据和进行统计分析的一系列的理论和方法。

实验设计的基本思想是由英国统计学家费希尔在进行农业田间实验时提出来的。费希尔发现在田间实验中，环境条件难于严格控制，随机误差不可忽视，故提出对实验方案必须做出合理的安排，使实验数据有合适的数学模型，以减少随机误差的影响，从而提高实验结论的精确度和可靠性。

实验设计和许多方法最早是在农业和生物科学中应用的，因而这门科学的许多术语是在农业科学研究的背景下做出的。随着实验设计在各个领域的广泛应用，原来实验设计中的术语如"处理"（treatment）、"小区"（plot）、"区组

（block）等都失去了它原来的农业含义的局限性，在其他领域中则有其相应的术语，如在教育上就相应地有了"学校"（school）、"班级"（classes）、"分数"（scores）、"方法"（methods）、"学生"（pupils）等等。

二、实验设计的基本原则

费希尔提出的实验设计应遵循的三个原则是随机化、局部控制和重复，它们是提高实验精度的最有效的方法。

（1）重复，指每一因素的水平（或因素水平的组合）的实验次数不少于2。如做 r 次实验就叫作 r 个重复。重复有两个重要的作用：一是能使实验者得到一个实验误差的估计量；二是如果用样本平均数来估计实验中的因素效应，则重复就使能实验者获得这种效应的更精确的估计量。简单地说，重复的功用是为了估计实验误差和减少实验误差。

（2）局部控制是力求在同一重复区内的环境条件、技术措施、实验管理方法等尽可能一致的做法；也就是力求重复区内具有同质性，而允许重复区间具有异质性的做法。例如，如果我们试图推行新教材而做实验，若以学校作为"区组"、班级作为"小区"，则对不同的学校允许有异质性，而对同一学校参与实验的班级，力求有同质性，即同一个学校参与实验的班级之教师和学生，在各方面的条件尽可能一致。局部控制的目的是防止环境条件等因素的异质性的干扰，从而减少实验误差。

（3）随机化是支承实验设计中应用统计方法的柱石。所谓随机化是实验对象或实验材料的分配，实验中个别"实验"的先后次序，都是随机决定。统计方法要求观测值（或误差）是独立分布的随机变量，随机化通常能使这种前提得到满足。通过随机化实验，我们还能使可能存在的无关因素的效应互相抵消。随机化的目的是使实验结果尽量避免受到主客观系统性因素的影响而出现的偏倚性，从而对误差做出正确的估计。例如，在做教材或教法实验时，教师的配备、学生的编班等都要随机决定，不能以实验主持人的个人意见决定。

从实验的科学性来说，上述三原则都是必要的组成部分。从提高实验的精度来看，在重复的基础上，做局部控制进一步减少误差，做随机排列以正确估计误差。它们之间的关系如图1所示：

图 1　三原则关系示意图

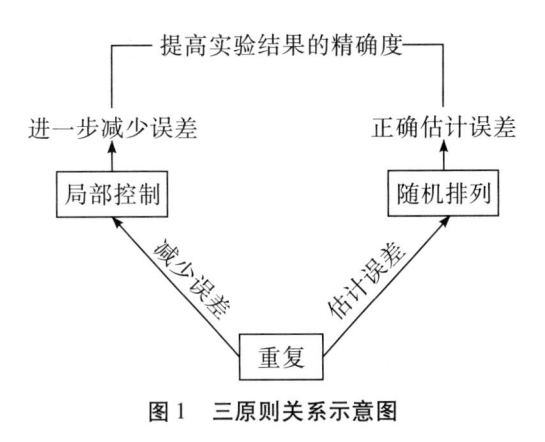

综上所述可知，如果要最有效地进行一个实验，那么就必须考虑计划一个实验的科学方法。所谓"实验的统计设计"，主要是指计划一个实验过程，以便我们能收集到一批适当的数据，通过统计分析，能得到正确的、客观的结论。如果我们希望根据数据做出有意义的结论，研究实验设计的统计处理是必要的。既然问题所涉及的数据常常有实验误差，统计方法就是唯一客观的分析数据的方法。因此，对于任何实验问题都有两方面——实验的设计和数据的统计分析，而这两方面又是密切联系的，因为分析方法直接依赖于所使用的设计方法。

（节录自叶佩教授主编《实验的设计和分析》一书绪论部分）

对广东省一九八三年高考成绩的若干统计分析[*]

1983年高校招生工作结束后,在广东省招生办的支持下,在广东省电子计算站的大力协助下,我们对广东省参加1983年高考的84349名考生(其中理科类考生54504人,文科类考生25082人,外语类考生2761人,体育类考生2002人)的各科考试成绩用大型电子计算机做了统计分析,分别求出了各类(理科类、文科类、外语类、体育类)各科考生成绩的平均分数、标准差,以及各类每两科之间的相关系数,得到理科类七科考试的7×7相关矩阵,文科类六科考试的6×6相关矩阵,以及外语类、体育类各科考试成绩的相关矩阵。总共由电子计算机处理了50多万人次数据,从而得到一些有用的信息。

广东省实行高考预选的方法,从报名参加预选考试的220382名考生中(其中理科类142576人,文科类67809人,外语类3830人,体育类6167人),选出84349人参加高考。本文对考试成绩的统计分析只限于参加高考的考生。

为了节省篇幅,我们仅对理科类的相关矩阵(7×7)和文科类的相关矩阵(6×6)做相关系数分析、主成分分析、因素分析。其

---

[*] 本文作者:叶佩华、张敏强、李伟明、曾桂兴。

余的各项数据（各类各科的平均分数、标准差、外语类相关矩阵、体育类相关矩阵等）只作为附录列出，以供参考。

一、相关系数分析

相关系数，如同平均数或标准差一样，是统计学中广泛应用的"概括性数量"。它是为了探讨双变量数列之间的联系，并用相关系数表示联系的强度。如我们为了了解某两门学科（语文与数学）的相关程度，就必须给出一个数量性的指标来描述两个变量的线性关系程度，而这个指标就叫相关系数。相关系数通常用字母 r 表示，它的计算公式是：

$$r_{ij} = \frac{\sum_{t=1}^{n}(xit-xi)(xjt-xj)}{\sqrt{[\sum_{t=1}^{n}(xit-xi)^2][\sum_{t=1}^{n}(xjt-xj)^2]}} \quad \cdots\cdots (1)$$

其中 xi、xj 分别为 i 科、j 科考试成绩的平均分数，t 为考生编号，t 的取值为 1，2，$\cdots$，n。X_{it}、X_{jt} 为第 t 号考生在 i 科、j 科的分数，则 r_{ij} 为第 i 科与第 j 科之间的成绩相关系数。据此公式，我们分别计算得理科类的七科共 21 个相关系数（$C_7^2=21$），文科类的六科共 15 个相关系数（$C_6^2=15$）。为了便于观察和分析，我们把这些相关系数列成两个相关矩阵如下：

理科类相关矩阵 A（考生 54504 人）：

政治	语文	数学	物理	化学	生物	外语	
1.000	0.592	0.658	0.649	0.733	0.733	0.473	政治
	1.000	0.515	0.543	0.547	0.574	0.500	语文
		1.000	0.766	0.778	0.688	0.504	数学
			1.000	0.789	0.711	0.485	物理
				1.000	0.764	0.510	化学
					1.000	0.546	生物
						1.000	外语

文科类相关矩阵 B（考生 25082 人）：

政治	语文	数学	历史	地理	外语	
1.000	0.606	0.627	0.803	0.763	0.393	政治
	1.000	0.470	0.574	0.539	0.433	语文
		1.000	0.598	0.632	0.421	数学
			1.000	0.841	0.380	历史
				1.000	0.362	地理
					1.000	外语

至此，我们已得到理科类、文科类任何两学科之间的相关系数。由于相关矩阵是以 1.000 为对角线，又是对称矩阵，故只写出一半而另一半省略。

1. 理科类相关系数的分析

理科类考生共考七门功课，两两求相关，共求得 21 个相关系数。所有求得的 21 个相关系数均为正数，最大的相关系数为 0.789，是物理与化学两科之间的相关，最小的相关系数为 0.473，是政治与外语两科之间的相关。由于理科类考生多达五万多人，所以全部 21 个相关系数经检验都高度显著。

数学与物理、数学与化学、物理与化学这三门学科的两两相关，相关系数为 0.766、0.778、0.782，是一个很高的相关系数，这与我们平时所设想的数学、物理、化学三科互相依赖性大的教学认识是一致的。对此，我们还可以求物理与化学剔除数学影响后的偏相关，物理与化学剔除语文影响后的偏相关，以证明这种设想。

$$r_{理化 \cdot 数} = \frac{r_{理化} - r_{数理} \cdot r_{数化}}{\sqrt{(1 - r_{数理}^2)(1 - r_{数化}^2)}} = \frac{0.782 - 0.766 \times 0.778}{\sqrt{(1 - 0.766^2)(1 - 0.778^2)}} = 0.4607$$

此结果表明，在剔除了数学因素的影响后，物理与化学的偏相关系数为 0.4607。

$$r_{理化 \cdot 语} = \frac{r_{理化} - r_{语理} \cdot r_{语化}}{\sqrt{(1 - r_{语理}^2)(1 - r_{语化}^2)}} = \frac{0.782 - 0.543 \times 0.547}{\sqrt{(1 - 0.543^2)(1 - 0.547^2)}} = 0.6899$$

此结果表明，在剔除了语文因素的影响后，物理与化学的偏相关系数为 0.6899。

这一计算结果使我们看到，数学因素对物理与化学两科的影响远比语文因素对物理与化学两科的影响大。

2. 文科类相关系数的分析

文科类考生共考六门学科，两两求相关，共求得 15 个相关系数。所有 15 个相关系数都是正数，最大的相关系数为 0.841，是地理与历史两科之间的相关，最小的相关系数为 0.362，是地理与外语两科之间的相关。由于文科类考生多达 25000 多人，所以全部 15 个相关系数经检验都高度显著。

历史与地理、历史与政治、地理与政治这三门学科的两两相关，相关系数分别为 0.841、0.803、0.763，这是一个很高的相关系数。这三门学科是着重于记忆的，所以它们之间的高度相关，符合一般教学认识规律。对此，我们仍可以求得历史与地理剔除政治影响的偏相关，历史与地理剔除数学的偏相关来加以分析。

$$r_{史地.政} = \frac{r_{史地} - r_{史政} \cdot r_{政地}}{\sqrt{(1-r_{政史}^2)(1-r_{政地}^2)}} = \frac{0.841 - 0.803 \times 0.763}{\sqrt{(1-0.803^2)(1-0.763^2)}} = 0.5926$$

此结果表明，在剔除了政治因素的影响外，地理与历史的偏相关系数为 0.5926。

$$r_{史地.数} = \frac{r_{史地} - r_{数史} \cdot r_{数地}}{\sqrt{(1-r_{数史}^2)(1-r_{数地}^2)}} = \frac{0.841 - 0.598 \times 0.632}{\sqrt{(1-0.598^2)(1-0.632^2)}} = 0.7455$$

此结果表明，在剔除了数学因素的影响后，地理与历史的偏相关系数为 0.7455。

这一计算结果使我们看到，政治因素对历史与地理两科的影响远比数学因素对历史与地理两科的影响大。

从上面对理科类、文科类的相关系数分析还可知道，无论是理科类考生还是文科类考生，平均说来，他们各门学科的考试成绩的高低是比较一致的，故所求得的相关系数为正数且高度显著。这也从侧面反映了广东省实行高考预选的结果是较为准确的，确实把各门学科学习成绩较好、较为全面发展的考生预选出来参加高考。

二、主成分分析

在教育科学研究和多科考试等问题上，会遇到一种多指标分类的问题。应用一系列数学方法按多指标进行分类的过程称之为主成分分析。主成分分析的目的，是希望把较多指标提供的信息尽量压缩到较少的综合指标上去，利用对少数指标的分析来达到我们的目的。当然我们希望找到的综合指标能尽可能地反映原来资料的信息。例如，高考理科类考七科、文科类考六科，我们则希望通过主成分分析把性质相似的科目分类，通过分类更加深刻地了解高考的效果及对高考的命题等方面，使之有一个明确的认识。

应用主成分分析来对学科分类的数量依据是所谓的"因子负荷量"。即把主成分 y 和科目 x 的相关系数 $\rho(y_j, x_j)$ 称为科目 x 对主成分 y 的因子负荷量，其计算公式如下：

$$\rho(y, x) = \sqrt{\lambda} \cdot 1 \quad \cdots\cdots (2)$$

即第 i 个科目对第 j 个主成分的因子负荷量，等于第 j 个特征根的算术平方根乘上第 j 个特征向量的第 i 个分量。

所以，要对理科类和文科的考试结果做主成分分析，则要先利用理科类相关矩阵 A 和文科类相关矩阵 B 分别求出特征根，再求出特征向量。

经运算，求得矩阵 A、矩阵 B 的特征根如下：

理科类矩阵 A 的特征根：

特征根	λ_1	λ_2	λ_3	λ_4	λ_5	λ_6	λ_7
数值	0.3773	4.7676	0.5177	0.2213	0.1875	0.2643	0.6642
贡献率	0.0539	0.6811	0.0740	0.0316	0.0268	0.0378	0.0950

文科类矩阵 B 的特征根：

特征根	λ_1	λ_2	λ_3	λ_4	λ_5	λ_6
数值	0.2336	3.8750	0.5340	0.4232	0.1488	0.7854
贡献率	0.0389	0.6458	0.0890	0.0705	0.0248	0.1309

1. 理科类的主成分分析

从矩阵 A 所求得的特征根中，我们看到 λ_2、λ_7、λ_3 的数值较大，我们分别称它们所相应的主要成分的为第一、第二、第三主成分。由于这三个特征值的贡献率累计已达 0.8501，所以可以按这三个主成分对科目进行分类。由所得的特征值，又分别求得七个特征向量 l_1、l_2、…、l_7（特征向量值见附录）。从而根据公式（2），可以分别求得各科对三个主成分的负荷量，列表如下：

科目	l_2（$\sqrt{\lambda_2}$=2.1835）	l_7（$\sqrt{\lambda_7}$=0.8150）	l_3（$\sqrt{\lambda_3}$=0.17195）	Σh^2
政治	0.8439	−0.0781	−0.2160	0.7649
语文	0.7288	0.3907	−0.5072	0.9411
数学	0.8594	−0.2185	0.1607	0.8121
物理	0.8862	−0.2258	0.0915	0.8097
化学	0.8985	−0.2157	0.0642	0.8580
生物	0.8762	−0.0537	−0.0080	0.7707
外语	0.6780	0.5979	0.4188	0.9926

从表中可以看到，语文、化学、外语三门学科的第一、第二、第三主成分的负荷量平方和（Σh^2）最大，分别达到 0.9411、0.8580、0.9926，亦即是说，语文、外语、化学这三门学科对理科考生的考试成绩影响最大。

这一结果使我们看到：一般的教学认识规律是语文、数学两科对考生起重要作用的，所以高考命题语文、数学均计 120 分，但分析的结果是化学的负荷量平方和大于数学的负荷量平方和，这与我们的认识规律有一定的差距。这是否从侧面反映了数学的命题未能有效地突出理科的特点，要引起注意。要对一九八三年高考的数学、化学试题进行信度、区分度、难度的分析，对试题的内容和形式进行分析，从而找出原因。

2. 文科类的主成分分析

从矩阵 B 所求得的特征根中，我们看到 λ_2、λ_6、λ_3 的特征值较大，我们分别称它们所相应的主要成分为第一、第二、第三主成分，且这三个特征值的贡献率累计已达 0.865，同样，我们可以按这三个主成分对科目进行分类。由所求得的特征值，又可以分别求得六个特征向量 l_1、l_2、$\cdots$、l_6（特征向量值见附录）。从而根据公式（2），分别求得各科对三个主成分的负荷量，列表如下：

科目	l_2 ($\sqrt{\lambda_2}=1.9685$)	l_7 ($\sqrt{\lambda_7}=0.8862$)	l_3 ($\sqrt{\lambda_3}=0.7308$)	Σh^2
政治	0.8907	-0.1758	-0.0419	0.8260
语文	0.7466	0.1843	-0.5761	0.9233
数学	0.7811	0.0175	0.4173	0.7846
历史	0.8947	-0.2380	-0.0104	0.8572
地理	0.8827	-0.2586	0.0783	0.8522
外语	0.5779	0.7724	0.1415	0.9506

从表中可以看到，文科类六门学科，其中语文、历史、外语三门学科的第一、第二、第三主成分的负荷量平方和（Σh^2）最大，即这三门学科对文科考生的考试成绩影响最大。而地理学科的负荷量平方和也接近历史学科的负荷量平方和，这与前面的相关系数分析中，历史与地理两科之间的相关系数最大这一结论是一致的。显然，文科的历史、地理学科是较为注重记忆的。文科类的主成分分析结果是符合于教学认识规律的。这也从侧面反映了文科的命题是较好的，突出了文科的特点。

三、因素分析

因素分析是主成分分析的更进一步，因素分析是用来分析由相关系数构成的矩阵的一种多元统计方法。要使教育科学具有严格的科学性，具有精确的预报性，首要的一步就是要从有关变元交互相关的实验数据中，找出在其中潜藏着的起决定作用的因素、维度或基本成因，这就是因素分析的中心任务。

因素分析可通过两个步骤达到它的目的。一是把原来的变量缩成数量较少的变量，缩减后的变量就叫因素；二是从存在于关系集内的结构特点出发，取得对因素的解释。因素分析的基本原理是：把描述复杂情况的一组较多的变量缩减到能解释事物特性的一组较少的变量，亦可以说，通过简化，达到创造性的理解。

我们对理科类七门学科考试的相关矩阵和文科类六门学科考试的相关矩阵分别做了因素分析，因素分析的目的是想确知：

（1）理科类七门学科考试、文科类六门学科考试能测出多少种不同的基本能力或因素？

（2）这几种基本能力对每一门学科考试的各自贡献有多大？

1. 理科类七门学科考试的因素分析

经过一系列的数学运算（运算过程和方法略），我们求得理科类的因素矩阵如下：

科目	因素负荷		公共性 h^2
	因素 I	因素 II	
政治	0.7303	0.1485	0.5554
语文	0.6110	0.3341	0.4849
数学	0.8621	0.0665	0.7476
物理	0.8885	0.0000	0.7894
化学	0.8885	0.0502	0.7919
生物	0.8001	0.2192	0.6882
外语	0.5463	0.4978	0.5459
七科平方和	4.1670	0.4365	$\sum h^2 = 4.6035$
百分比	59.53	6.24	65.77

所谓因素负荷，简言之就是某一因素在某一有关考试所做贡献大小的指标。也就是说，某一因素的负荷量的平方就是该一因素在这一变元的单位方差中所做的贡献。如化学考试，因素 I 的负荷量为 0.8885，其平方和为 0.7894，意思是在化学考试的单位方差中，因素 I 所造成的方差为 0.7894，即占化学考试总方差的 78.94%；而因素 II 的负荷量为 0.0502，其平方和为 0.0025，意思是在化学考试的单位方差中，因素 II 所造成的方差为 0.0025，即占化学考试总方差的 0.25%。而这两个方差之和等于 0.7919，这就是公共因素方差（简称公共性，符号 h^2），指的是在化学考试的总方差中，其来源于因素 I、因素 II 的共同影响的部分方差约占 79.19%。

据此，对理科类七门学科考试的因素矩阵分析就可以得到如下的结论：

（1）理科类七科考试的能力结构各不相同，在因素 I、因素 II 中各科考试所起的作用也各不相同。在因素Ⅰ中，以数学、物理、化学三门学科带来的影响最大，这三门学科在因素Ⅰ中所造成的方差分别为 0.7432、0.7894、0.7894，占因素Ⅰ中七科方差和（平方和）的 55.72%，所以命名因素Ⅰ为数理能力；在因素Ⅱ中，以语文、外语二门学科带来的影响最大，这二门学科在因素Ⅱ中所造成的方差分别为 0.1116、0.2478，占因素Ⅱ中七科方差和（平方和）的 82.34%，所以命名因素Ⅱ为词语能力。

（2）理科类考试的七个科目中，主要测到的只有两种互不相关的纯净公共因素Ⅰ（数理能力）及公共因素Ⅱ（词语能力）。前者构成七门学科考试总变差的 59.53%，后者构成总变差的 6.24%，两者合计构成总变差的 65.77%。余下的 34.23% 来源于非此两种公共因素所能解释而为每门学科考试本身所独有的特殊因素和误差。

（3）在理科类考试中，数学、物理、化学对考生成绩影响最大，这是符合理科的学习要求的。这两种基本能力对理科类七门学科考试的各自贡献即是因素矩阵最后一列的公共性 h^2。

（4）理科类考试主要由数理能力、词语能力这两种基本能力构成，这一分析结果是符合我们的教学认识规律的，这对高考命题也有很大的意义。现阶段每年高考数学、语文试卷都为 120 分，这一结果则提供了理论根据。一些省（市）规定数学、语文达不到一定的分数线就降分数段录取的规定，据此分析结果来看，也是合理的。同时，这也给中学教学提供了一个重要的启示，中学教学要文理并重，决不能重理轻文。

2. 文科类六门学科考试的因素分析

经运算得到文科类的因素矩阵如下：

科目	因素负荷 因素Ⅰ	因素负荷 因素Ⅱ	公共性 h^2
政治	0.8721	0.0931	0.7692
语文	0.6229	0.3641	0.5206
数学	0.6398	0.3207	0.5122
历史	0.9164	0.0356	0.8411
地理	0.9176	0.0000	0.8420
外语	0.3940	0.5317	0.4376
六科平方和	3.3949	0.5281	$\sum h^2 = 3.9230$
百分比	56.58	8.80	65.38

据此，对文科类六门学科考试的因素矩阵分析就可以得到如下的结论：

（1）文科类六科考试的能力结构各不相同，在因素Ⅰ、因素Ⅱ中各科考试所起的作用也各不相同。在因素Ⅰ中，以历史、地理二科带来的影响最大，这二科在因素Ⅰ中所造成的方差分别为 0.8398、0.8420，占因素Ⅰ中六科方差和（平方和）的 42.59%，所以命名因素Ⅰ为史地能力（由于历史、地理二科均着重于记忆，亦可命名为记忆能力）；在因素Ⅱ中，以语文、外语二科带来的影响最大，这两科在因素Ⅱ中所造成的方差分别为 0.1326、0.2827，占因素Ⅱ中六科方差和（平方和）的 78.64%，所以命名因素Ⅱ为词语能力。

（2）这两种基本能力对文科类六门学科考试的各自贡献即是因素矩阵的最后一列的公共性 h^2。

（3）文科考试包括六门学科，主要测到的只有两种互不相关的纯净公共因素Ⅰ（记忆能力）和公共因素Ⅱ（词语能力），前者构成六门学科考试总变差的 56.58%，后者构成总变差的 8.80%，两者合计构成总变差的 65.38%，余下的 34.62%，来源于非此两种公共因素所能解释的而为各门学科考试所独有的特殊因素或误差。这就为中学的教学提供了一定的信息，文科考生的考试成绩主要受历史、地理、语文、外语的影响。

四、结束语

通过对广东省一九八三年八万多考生的考试成绩做相关分析、主成分分析和因素分析，我们得到了一些很有用的信息和结论，这些信息和结论对改进我们的中学教学，提高教学质量有一定的帮助，同时这些信息和结论对改革高考、提高高考命题质量及改进命题方法有一定的帮助，特别是这些信息和结论均是由数学方法求出，以数量的形式表达，所以有较好的现实意义。虽然这一研究是对广东省高考的研究，但由于研究对象广泛（八万多考生），计算处理准确，这些结论对全国都有一定的意义。当然，还可以对具体专题开展研究，譬如说，主成分分析得到化学科的负荷量平方和大于数学、物理的负荷量平方和问题，就可以组织有关的专家、优秀教师对化学试卷和考生的成绩运用统计方法进行具体的分析，找出原因。

以定量分析方法研究问题，能使研究结论明确。例如，文理科偏废问题，长期争论不休，通过因素分析我们知道，理科类考生的基本能力是两种——数理能力和词语能力，所以这两种能力在中学阶段就要积极培养，缺一不可。

只要我们能充分应用教育统计学这一有力的武器，对教育科学中的许多问题做出定量的分析，我们就能够更加深刻地认识这些问题，从而促进教育事业的发展。

当然，我们亦可在全国范围开展高考的研究，不过这就要通过抽样来解决问题了。

附录：

1. 理科、文科、外语、体育四类考试成绩的平均分数、标准差：

	项目	政治	语文	数学	物理	化学	生物	外语
理科	平均分数	66.39	54.93	55.58	41.49	57.78	23.37	36.80
理科	标准差	13.55	14.90	21.24	17.02	19.85	8.71	23.45
体育	平均分数	50.63	39.68	28.51	22.23	32.30	13.73	15.53
体育	标准差	14.91	14.58	16.31	12.98	15.15	8.30	10.18

	项目	政治	语文	数学	历史	地理	外语
文科	平均分数	68.49	55.80	58.04	58.07	56.28	32.65
文科	标准差	14.41	15.49	27.10	17.69	16.83	21.81
外语	平均分数	69.74	59.24	53.76	58.23	56.40	72.24
外语	标准差	13.72	16.09	28.42	17.19	15.89	17.15

2. 外语类相关矩阵

政治	语文	数学	历史	地理	外语	
1.000	0.596	0.528	0.791	0.747	0.637	政治
	1.000	0.455	0.568	0.566	0.510	语文
		1.000	0.473	0.516	0.408	数学
			1.000	0.828	0.616	历史
				1.000	0.594	地理
					1.000	外语

3. 体育类相关矩阵

政治	语文	数学	物理	化学	生物	外语	
1.000	0.728	0.664	0.638	0.727	0.771	0.435	政治
	1.000	0.561	0.564	0.585	0.624	0.444	语文
		1.000	0.791	0.813	0.678	0.478	数学
			1.000	0.803	0.676	0.442	物理
				1.000	0.749	0.486	化学
					1.000	0.442	生物
						1.000	外语

4. 理科类特征向量

	l_1	l_2	l_3	l_4	l_5	l_6	l_7
	0.619	0.387	-0.300	0.276	-0.217	-0.494	-0.096
	-0.385	0.334	-0.705	-0.082	0.076	0.034	0.479
	-0.353	0.394	0.223	-0.590	-0.182	-0.467	-0.268
	-0.413	0.397	0.127	0.591	-0.393	0.273	-0.277
	0.005	0.411	0.089	0.141	0.856	0.025	-0.265
	0.407	0.401	-0.011	-0.433	-0.613	0.674	-0.066
	0.086	0.310	0.582	0.140	0.001	-0.085	0.733

5. 文科类特征向量

	l_1	l_2	l_3	l_4	l_5	l_6
	0.823	0.452	-0.057	0.127	0.242	-0.198
	-0.153	0.379	-0.788	-0.410	0.009	0.208
	-0.034	0.397	0.571	-0.710	-0.101	0.020
	-0.146	0.454	-0.014	0.350	-0.760	-0.268
	-0.525	0.448	0.107	0.270	0.594	-0.292
	0.004	0.294	0.194	0.341	0.020	0.872

关于高考录取分数线问题的探讨[*]

  每年一次的高考，全国都花费巨大的人力、物力和财力去组织考试，而最后无非是计算出总分，根据总分划出一条录取分数线供高校录取新生时参考。
  以总分这个单一标准决定考生取舍的规定并不是十分合理的。首先，不同学科的考试分数不能直接相加，因为不同学科的试题难度不一定相同，例如政治科的80分不一定等值于数学科的80分。为了解决不同学科的考试分数合理相加，我们曾在《教育研究》1983年第3期《正确计算多科考试成绩的方法》一文中提出了采用标准化分数。而采用标准化分数也只解决了不同学科的可加性和可比性问题，仍没能解决高等学校不同专业对考生的不同要求。其次，报考相同类别，考试总分相同的考生，他们的各科成绩的组合却可能是千差万别的。如理科类的两个考生的七科考试（政治、语文、数学、物理、化学、生物、外语）总分均为400分，但甲生的七科成绩分别为26，65，70，75，62，24，78，乙生的成绩则分别为95，55，42，57，60，40，51。若总分录取标准为390分，则甲、乙两生都在录取之列，但甲生的学术性向与适应专业的能力显然优于乙生。可见，单凭总分这个单一的标准来决定考生的取舍，是值得讨论的。

---

[*] 本文作者：叶佩华、张敏强。

"择优录取"是我们的招生原则,但"优"的分数定在哪里才恰当?我们认为:"择优"应该是在合格的中学毕业生中"择优"。合格的中学生,若严格按照中学教学大纲的要求来命题和确定评分标准,本来可以有一个相当明确的客观标准,但目前我们还不可能有这样的一个统一标准。因为我们每年的各科试题都有较大的不同,难易程度相差很大,"优"的标准就更难以决定了(如 1978 年广东省录取分数线中,化学成绩 80 分以上的考生很多,而 1979 年化学成绩 50 分以上的考生就很少)。因此,高等学校录取的应当是每科成绩都在该年该科的平均分数以上的考生。即是说,被录取的考生的成绩每科都应当是属于中上的,且录取的标准不能单凭总分这个单一的标准,应根据高等学校不同专业的要求,采用多指标的方法来确定录取分数线。

那么,如何具体地划录取分数线呢?

(1)每年高考评卷计分后,我们就可以求得每一科的平均分数、标准差。例如,广东省 1983 年理科各门学科的平均成绩、标准差(见图 1),根据平均分数,我们可以划一条最低录取分数线(见图 1 中粗黑线),也就是说,每一科成绩都达到图中粗黑线以上的考生,就被认为达到了最低录取分数线。因为全部考试科目成绩均要达到平均分数以上,所以被淘汰的考生是较多的。如果进入最低录取分数线的考生仍超过计划招生人数,则我们可以把最低录取分数线适当提高,即定为:平均分数 +0.255×标准差①(见图 1 中细黑线)。反过来,如果进入最低录取分数线的考生少于计划招生人数,则我们可以把最低录取分数线定为:平均分数 -0.255×标准差。用这样的办法来确定最低录取分数线。

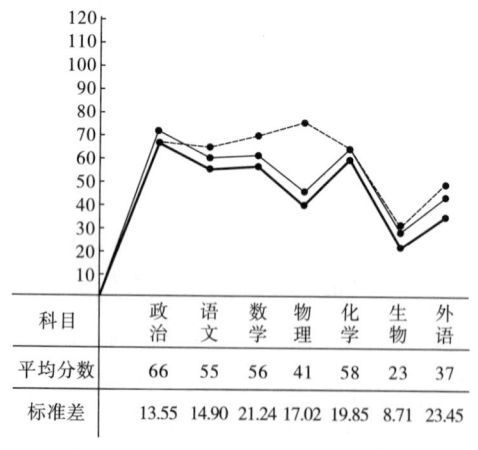

科目	政治	语文	数学	物理	化学	生物	外语
平均分数	66	55	56	41	58	23	37
标准差	13.55	14.90	21.24	17.02	19.85	8.71	23.45

图 1 广东省 1983 年理科各门学科的平均成绩、标准差

---

① 高考考生的成绩是服从正态分布的,采用"平均分数 +0.255×标准差"这一公式划最低录取分数线,比用平均分数划最低录取分数线,可使考生人数减少约 10%,0.255 是查正态分布表得到的。(参阅:叶佩华,陈一百,万梅婷,等. 教育统计学 [M]. 北京:人民教育出版社,1983.)

（2）根据高等学校中不同专业对考生的不同要求，每一专业又可根据本专业的具体要求再划一条录取分数线。如物理专业，除了要求较好的物理成绩外，对数学、外语的要求也较高，则可根据以往几年来对学生学习成绩的考查，决定物理专业的各科录取分数线为 66，60，70，75，60，25，50（见图 1 中虚线，本例是虚拟的）。但任何专业的录取分数线，一定要在最低录取分数线以上或刚好落在最低录取分数线上，而决不能低于最低录取分数线。同样，不同的专业就可以划出不同的录取分数线。

这种做法是把确定考生最低录取分数线标准的总分从单一标准改为还考虑考生各门学科成绩的多重标准，既保证了高等学校对考生的学习质量的基本要求，又有利于按不同的专业要求去选取考生，对中学教学的偏科现象也有一定的约束。这种设想实行也是很方便的，因为现在全国大部分省市都是采用电子计算机计分，在输入分数时，计算机就可以确定最低录取分数线，并印出达到最低录取分数线考生的名册，不会增加录取工作的困难。

利用现代数学研究教育科学的探索[*]

把数学作为研究问题的主要工具之一，是现代社会科学的许多领域都在努力探索的一项工作。马克思和恩格斯都非常重视数学在社会科学中的应用。马克思在《资本论》中，就利用了数学研究社会再生产等问题。恩格斯在《自然辩证法》中指出："数学：辩证的辅助工具和表现方式。"这是对数学的一个很好的总的评价。

当代自然科学与社会科学之间各学科的相互影响和相互渗透，表现为某一学科的发展日益以其他学科的发展为先决条件，日益受其他学科发展的制约。特别是数学的科学成就，日益广泛地应用到其他的自然科学和社会科学领域中去，有力地促进了其他学科的发展，反过来，各学科的发展又促进了对数学理论和方法的研究。

教育科学是研究社会教育现象的科学，它系统研究的是怎样培养人，人具有社会性和自然性这两种属性，决定了教育科学既受社会发展规律的支配，也受到自然发展规律的支配。因此，教育科学就更有必要引入数学方法，即用数学方法研究教育问题。也就是说，教育科学既需要定性研究，也十分需要定量的研究。

---

[*] 本文作者：叶佩华、张敏强。

当然，我们应用数学方法研究教育科学，不能停留在 19 世纪的数学水平上，而要注意数学发展的新动向、新成就，研究方法要随着数学的发展而发展，既要引入新的数学方法，又要注意结合教育科学的本身特点，从而更好地吸收现代科学技术的新成就。正如教育统计学的发展一样，在二十年代①只是引入了一般的描述统计方法，随着研究随机性的概率统计的理论和方法的发展，在四十年代②引入了小样本理论、统计估计、统计检验等内容，使推断统计成为教育统计学的主要内容，随后，又引入了非参数统计法、因素分析法等内容，使教育统计的内容更为充实、丰富，适用范围更为广泛。七十年代③由于电子计算机的广泛应用，教育统计学又引入电子计算机处理数据和统计分析等内容，使教育统计学使用了现代化的手段。然而，随着概率统计与教育学的理论和方法的发展，教育统计学也将继续引入相应的内容和得到相应的发展。

在现代数学的众多分支中，我们认为可以从数量化理论（theory of quantification）和模糊数学（fuzzy mathematics）这两方面更好地探讨研究教育科学。

1. 数量化理论在教育科学研究中应用的探讨

多元统计分析是数理统计学近三十年来迅速发展的一个分支。由于电子计算机使用日益广泛，多元分析的方法也很快地应用到各个领域，从自然科学到社会科学，都已证实了多元分析是一种很有用途的数据处理方法。数量化理论则是多元分析的一个分支。它始于五十年代④，起初它的应用仅限于"计量社会学"方面，六十年代⑤后，它在自然科学领域中的应用增多，而在社会科学中的应用则远远不及在自然科学中的应用，这是一个值得深思的问题。

在教育科学研究中，我们所遇到的变量，由于其变化的情况不同，同样可分为两种：一种是我们常说的变量，如学生学习成绩，入学人数，学生的身高、体重等等，称之为定量变量；另一种变量并非真有数量上的变化，而只有性质上的差异，如学生性别（男、女）、家庭出身（工人、农民、干部、知识分子）等等，称之为定性变量。与定量变量和定性变量相应的数据也就分别称为定量数据和定性数据。

数量化理论的主要内容和目的，就是把定性变量及其数据，设法按某一合理

---

① 指 20 世纪 20 年代。
② 指 20 世纪 40 年代。
③ 指 20 世纪 70 年代。
④ 指 20 世纪 50 年代。
⑤ 指 20 世纪 60 年代。

原则，实现向定量方面的转化，并以得到的定量数据为基础进行预测或分类等研究。

由于教育科学的特点，教育科学的研究，除了要做定性的描述和过去做过的一些定量研究之外，把定性问题转化为定量问题，通过一定的数量关系就更能说明事物的性质。数量化理论为教育科学提供的研究方法是：按照一定的合理原则对定性变量及其数据，实行向定量方面的转化。例如，研究学生的性别、家庭出身对学生学习成绩有无影响，对新教材的使用有无影响？何者为主要因素？许多的研究结论都只能做定性的说明，缺乏令人信服的论据，以致长期以来对这些问题一直存有较大的争议。如果应用数量化理论，则可把定性变量转化为定量变量。转化的方法是：把称之为项目（item）的定性变量，对各种不同的类目（category）的"取值"，根据如下数学公式：

$$\delta_i(j, k) = \begin{cases} 1, & \text{当第 } i \text{ 样品中第 } j \text{ 项目的定性数据为 } k \text{ 类目时} \\ 0, & \text{否则} \end{cases} \quad \cdots\cdots (1)$$

确定 j 项目之 k 类目在第 i 样品中的反应。而且对于相同的样品和项目的全部类目之和（相同的 i、j），还有：

$$\sum_{k=1}^{r_j} \delta_i(j, k) = 1$$

然后，就可以依据相应的数学方法对问题做定量的研究，并据此做出预测或分类。

例如，为了推广某科新教材，在全面推广之前先做实验，目的是辨别该教材对不同性别、不同类型学校的学生学习使用该教材是否恰当，并想据此推测各类学校学生的学习成绩。由三十位学生参加实验（省市重点学校十名，区县重点十名，一般学校十名），且对该教材的六个单元分别做了考试，得一实验结果（见附录）。据此，我们可得一线性方程组：

$$\begin{cases} 17b_{11} + 4b_{21} + 6b_{22} + 7b_{23} = 7809 \\ 13b_{12} + 6b_{21} + 4b_{22} + 3b_{23} = 5941 \\ 4b_{11} + 6b_{12} + 10b_{21} = 4753 \\ 6b_{11} + 4b_{12} + 10b_{22} = 4457 \\ 7b_{11} + 3b_{12} + 10b_{23} = 4540 \end{cases}$$

在删去第 2 项目第 1 类目的方程并令 $b_{21} = 0$，方程组有唯一解，得：

$b_{11} = 480.1 \qquad b_{12} = 472.1$

$$b_{22} = -31.2 \quad b_{23} = -23.7$$

故得一回归方程：

$$\hat{y} = 480.1\delta(1,1) + 472.1\delta(1,2) - 31.2\delta(2,2) - 23.7\delta(2,3)$$

用复相关系数来预测精度：

$$R = 0.557$$

转化为 F 值得，$F = 2.17$，经检验，当 $\alpha = 0.10$ 时，F 显著。即回归方程拟合得很好。

为了估计男女之间、不同类型学校之间的差异，我们可用各个项目的"范围"（range）来衡量各个项目在预测中的贡献。

由 $Range(j) = \max\limits_{1 \leq k \leq r_j} b_{jk} - \min\limits_{1 \leq k \leq r_j} b_{jk}$

$$(j = 1, 22, \cdots, m)$$

则有 $Range(1) = 480.1 - 472.1 = 8$

$Range(2) = -23.7 - (-31.2) = 7.5$

即是说，性别和不同学校类型对学生的学习影响都差不多，就本实验来说，该教材是可以推广使用的。

从上面的例子可以看到，数量化理论这一数学方法，使教育科学的研究不仅可以利用定量变量，而且可以利用定性变量，从而能更充分地利用搜集到的信息，更全面地研究并发现教育问题的内在联系及内在规律。

2. 模糊数学在教育科学研究中应用的探讨

模糊集合的概念是美国控制论专家查德（L. A. Zadeh）在一九六五年第一次提出来的，这也标志着模糊数学的诞生。模糊数学是研究和处理模糊性现象的数学。所谓模糊性，主要是指客观事物在差异的"中介过程"时所呈现的"亦此亦彼"性。

如果说，概率论的产生，把数学的应用范围从必然现象的领域扩大到了偶然的领域，那么模糊数学则把数学的应用范围从精确的领域扩大到了模糊现象的领域。概率论研究和处理随机性，模糊数学则研究和处理模糊性，二者都同属于不确定数学。

由概率统计与教育学相结合，产生了现代教育统计学，教育统计学在教育科学研究中的作用，是得到广大的教育工作者承认的。模糊数学如何与教育学、心理学相结合呢？

实际上，教育科学的研究对象，很多是没有明确外延的，而教育科学又是一门非常复杂的科学，难以精确化。电子计算机的出现，在一定程度上解决了这个矛盾。然而，正是由于电子计算机的出现，使得这种矛盾又更加激化：一方面，严密的程序要求高度的精确；另一方面，机器所执行的日益繁难的任务，使它面临的系统日益复杂。查德说过："当系统的复杂性日趋增长，我们作出系统特性的精确然而有意义的描述的能力将相应降低，直至达到这样一个阈值，一旦超过它，精确性和有意义性变成两个几乎互相排斥的特性。"这就是说，复杂程度越高，有意义的精确化能力便越低。

教育科学研究的目的，就是要深入研究复杂的教育问题，寻找它们的内在联系和规律。但在我们遇到的问题中，许多问题外延是不明确的，这就给教育科学研究带来了障碍，使研究工作不能有的放矢，明确研究的对象。

下面我们以《模糊数学》杂志 1982 年第一期《教学过程中的综合评判问题》一文为例做一说明。

教师讲课是一种复杂的智力活动，不仅涉及所教授课程的知识，而且旁及教育学、心理学、语言学等方面，讲课的优劣对教育质量的提高有决定性的影响，对教师的教学过程进行数学化、定量化的综合评判，有助于教学质量的提高。

设 U 是讲课因素的集合，V 为评语集合。

$U = \{$清楚易懂，教材熟练，生动有趣，板书整齐$\}$

$V = \{$很好，较好，一般，不好$\}$

$\underset{\sim}{R}$ 是从 U 到 V 的模糊关系，r_{ij} 表示从第 i 个因素着眼对被评教师做出第 j 种评语的可能程度，令 $\underset{\sim}{R} = (r_{ij})$ 为评判矩阵，对 U 中诸因素之间，有不同的权衡，这个问题可以表现为 U 上的一个模糊子集 $\underset{\sim}{A}$，U 中元素 u 对 $\underset{\sim}{A}$ 的隶属度 $\underset{\sim}{A}(u)$，叫作因素 u 被着眼的权重。如果已给出了评判矩阵 $\underset{\sim}{R}$，又给定了权数分配 $\underset{\sim}{A}$，则综合评判为：

$$\underset{\sim}{B} = \underset{\sim}{A} \circ \underset{\sim}{R}$$

比如，对某学校某班任课教师就"清楚易懂""教材熟练""生动有趣""板书整齐"这四个因素所做的评价得出评判矩阵为：

$$R = \begin{bmatrix} 0.4 & 0.5 & 0.1 & 0 \\ 0.6 & 0.3 & 0.1 & 0 \\ 0.1 & 0.2 & 0.6 & 0.1 \\ 0.1 & 0.2 & 0.5 & 0.2 \end{bmatrix}$$

原作者通过模糊统计的试验方法确定了权数分配为：

$$A = (0.5, 0.2, 0.2, 0.1)$$

则得出该班同学对此教师的综合评判为：

$$B = A \circ R$$
$$= (0.4, 0.5, 0.2, 0.1)$$

最后归一化为：

$$(0.33, 0.42, 0.17, 0.08)$$

即得出该教师的各项有关评语的数量化。

还有一些同志也正在尝试应用模糊数学做心理测量、诗词语义的分析、方言的研究等，这里就不一一列举了。

当然，上面所提的两个探讨性的问题，只是我们所做的一点工作，而其他的数学分支和数学方法，如控制论、信息论、系统论等也应该可以应用到教育科学研究中来。实际上，国内已有许多科研工作者在做这一方面的探讨工作了。

应当承认，我国的教育科学在较长的时间里忽视定量的研究，忽视了对于数学方法的应用，特别是五十年代受苏联影响，我国连教育统计学、教育测量学的教学和研究都取消了。这里也有其内部的原因：一是长期以来，教育科学工作者就忽视对自然科学知识特别是数学知识的学习，所以，就无法应用数学方法去研究教育问题。比如，数量化理论就是专门为研究社会科学而产生的一门数学分支，由于我们不敏感，长期都未能有效地应用。二是教育科学的因素复杂和难以控制，如人的智力、能力等因素，会随着年龄的增长而变化，且有些变量不易或不可能直接测度，而通过间接的手段测量所得的数据，其可靠性和有效性均不易得到保证。二者相比，前者是主观因素，后者是客观因素，首先要解决的是主观认识，要认识到应用数学方法研究教育问题是必要的，才能通过主观努力去克服客观困难。

把数学方法应用到教育科学研究中，尽可能用数学关系式揭示教育的客观规律，阐明它们之间的数量和质量的关系，就能使教育领域内的某些问题得到适当的解决。我们已有教育统计学和教育测量学这两门结合数学方法建立起来的学科，所以，只要我们继续不断地从数学的新发展中吸取营养，结合教育科学的特殊性，努力把精确的数学方法应用于教育科学研究中，那么就能更好地促进教育科学的发展。应用数学方法研究教育问题，也应当注意这样几个问题：

（1）应用现代数学方法研究教育问题是一个新课题，许多问题尚在探讨阶段，对于各种各样的数学方法的推广使用应该慎重。要提倡建立符合中国教育实际的数学模型。引入数学方法要特别防止不问情况的误用或滥用。就好像统计学一样，正确使用是一有力武器，错误使用只能得到错误的结论。

（2）定性变量在许多教育问题的研究中是不可忽视的，某些定性变量甚至是起决定性作用的。在应用数学方法对教育科学做定量研究的同时，并不排斥对教育科学的定性研究，还要尽力寻找定性研究结论与定量研究结论的共同点。数量化理论使定性变量和定量变量相互转化，也就是在于用定性变量和定量变量进行预测、分类。所以，要特别注意不能用定量研究方法取代定性研究方法。

（3）在应用数学方法对教育科学做定量研究的同时，要遵循教育科学本身的客观规律和特点，引入相应的数学方法，建立相应的数学模型，不能忽视和抹杀教育科学本身的独立性和特殊性。要做好这一工作，一方面要求教育科学工作者学习数学知识，另一方面要数学工作者给予协作，共同从事数学方法应用于教育问题的研究工作，解决有关问题。

以上的看法仅是我们所做的一点探索性工作，不一定正确，欢迎同志们给予指正。

参考文献

[1]《自然辩证法讲义》编写组. 自然辩证法讲义：初稿 [M]. 北京：人民教育出版社，1979.

[2] 叶佩华，张敏强. 教育统计学的产生、现状及发展趋势 [J]. 教育研究，1982（12）：3.

[3] 董文泉，周光亚，夏立显. 数量化理论及其应用 [M]. 长春：吉林人民出版社，1979.

[4] 汪培庄. 模糊数学简介（Ⅰ）[J]. 数学的实践与认识，1980（2）：46-60.

[5] 汪培庄. 模糊数学简介（Ⅱ）[J]. 数学的实践与认识，1980（3）：53-64.

[6] 叶佩华，陈一百，万梅亭，等. 教育统计学 [M]. 北京：人民教育出版社，1982.

[7] 史兰. 教学过程中的综合评判问题 [J]. 模糊数学，1982（1）：117－121.

附录：

学号	性别		学校类型			六次考试成绩	预测成绩
	男	女	省市重点	区县重点	一般		
1	0	1	1	0	0	430	472.1
2	1	0	1	0	0	471	480.1
3	1	0	0	1	0	435	448.9
4	1	0	0	0	1	420	456.4
5	0	1	0	1	0	436	440.9
6	0	1	1	0	0	476	472.1
7	0	1	0	1	0	441	440.9
8	1	0	0	0	1	485	456.4
9	1	0	1	0	0	525	480.1
10	0	1	1	0	0	467	472.1
11	1	0	0	1	0	438	448.9
12	1	0	0	0	1	442	456.4
13	0	1	0	0	1	466	448.4
14	1	0	0	1	0	454	448.9
15	1	0	1	0	0	505	480.1
16	0	1	0	1	0	445	440.9
17	1	0	0	1	0	487	448.9
18	0	1	0	0	1	476	448.4
19	0	1	1	0	0	488	470.1
20	0	1	0	0	1	453	448.4
21	1	0	0	0	1	450	456.4
22	1	0	0	1	0	444	448.9
23	1	0	1	0	0	457	480.1
24	1	0	0	1	0	448	448.9

续上表

学号	性别		学校类型			六次考试成绩	预测成绩
	男	女	省市重点	区县重点	一般		
25	0	1	0	1	0	429	440.9
26	0	1	1	0	0	465	472.1
27	1	0	0	0	1	443	456.4
28	1	0	0	0	1	458	456.4
29	1	0	0	0	1	447	456.4
30	0	1	1	0	0	469	472.1

1985

因素分析法程序（特征值法）

```
3 : CLEAR : CSIZE 1
5 : REM "CHARACTE
    R ROOTS & VECT
    ORS, F ACTOR MA
    TRIX"
10 : READ N, RHO
40 : DIM A (N, N), S ( N,
     N), T (N), B (N, N)
45 : DIM C (N), D (N)
50 : FOR 1 = 1TO N
60 : S (I, I) = 1
70 : NEXT I
80 : FOR I = 1TO N
91 : FOR J = 1TO N
100 : READ A (I, J)
110 : NEST J : NEXT I
120 : IT = O
130 : FOR I = 2TO N
140 : FOR J = 1TO I – 1
150 : IT = IT + 2 * A (I, J)
      ^2
160 : NEXT J : NEXT I
170 : N1 = SQR (IT) : N2
      = (RHO/N) * N1
180 : TH = N1 : IN = 0
190 : TH = TH/N
200 : FOR Q = 2TO N
210 : FOR P = lTO Q – 1
220 : IF ABS (A (P, Q)
      ) < THTHEN 420
230 : IN = 1 : V1 = A (P, P)
      : V2 = A (P, Q)
240 : V3 = A (Q, Q) : MU =
      5 * (VI – V3)
250 : GA = – 1 : IF MU < >0
      LET GA = – SGN (M
      U) * V2/SQR (V2^2 +
      MU^2)
```

260 : ST = GA/SQR (2 * (1 + SQR (1 – GA^2))) 270 : CT = SQR (1 – ST^2)
280 : FOR I = 1 TO N
290 : IT = A (I, P) * CT – A (I, Q) * ST
300 : A (I, Q) = A (I, P) * ST + A (I, Q) * CT
310 : A (I, P) = IT
320 : IT = S (I, P) * CT – S (I, Q) * ST
330 : S (I, Q) = S (I, P) * ST + S (1, Q) * CT
340 : S (I, P) = IT
350 : NEXT I
360 : FOR I = 1 TO N
370 : A (P, I) = A (I, P) : A (Q, 1) = A (I, Q)
380 : NEXT I
390 : A (P, P) = VI * CT^2 + V3 * ST^2 – 2 * V2 * ST * CT
400 : A (Q, Q) = VI * ST^2 + V3 * CT^2 + 2 * V2 * ST * CT
410 : A (P, Q) (VI – V3) * ST * CT + V2 * (CT^2 – ST^2) : A (Q, P) = A (P, Q)
420 : NEXT P : NEXT Q
430 : IF IN = ILET IN = 0 : GOTO 200
440 : IF TH > N2THENT I 90
450 : FOR I = ITQ N
460 : LPRINT "V ("; I; ") ="; INT (A (1, 1) 1E4 + .5)/1E4
470 : FOR J = 1 TO N
480 : LPRINT "R ("; J; ") =", INT (S (J, I) * 1E4 + .5)/1E4
490 : NEXT J: LF 1: NEXT I
530 : "B" : LF 1
535 : FOR I = 1 TO N FOR J = ITO N
540 : B (I, J) = SA (I, I) * S (J, 1)
543 : LPRINT "B ("; J; ","; 1; ") ="; INT (B (1, J) * 1E4 + .5) /1E4
545 : NEXT J : NEXT I
550 : END
1000 : DATA 8, .01, 1, .392, .396; .284, .283, .349, .255, .09
1001 : DATA .392, 1, .459, .378, .39, .466, .345, .078
1002 : DATA .396, .459, 1, .396, .280, .456, .292, .068
1003 : DATA .284, .378, .396, 1, .270, .370, .231, .048
1004 : DATA .283, .390, .280, .270, 1, .349, .329, .13
1005 : DATA .349, .466, .456, .37, .349, 1, .326, .122
1006 : DATA .255, .345, .292, .231, .329, .326, 1, .039
1007 : DATA .09, .078, .068, .048, .13, .122, .039, 1

特征值及特征向量

U（1）=3.1293
R（1）=0.3569
R（2）=0.4251
R（3）=0.4047
R（4）=0.3512
R（5）=0.3467
R（6）=0.4115
R（7）=0.3237
R（8）=0.1022

U（2）=0.5237
R（1）=-0.2393
R（2）=0.4493
R（3）=0.4895
R（4）=-0.1092
R（5）=0.0336
R（6）=-0.694
R（7）=0.0013
R（8）=0.0807

U（3）=0.5148
R（1）=-0.0362
R（2）=-0.7277
R（3）=0.6077
R（4）=-0.07
R（5）=0.306
R（6）=-0.0081
R（7）=0.0052
R（8）=-0.0348

U（4）=0.7157
R（1）=-0.7573
R（2）=-0.0199
R（3）=-0.0762
R（4）=0.6145
R（5）=0.1638
R（6）=0.1108
R（7）=-0.0403
R（8）=0.0437

U（5）=0.84
R（1）=-0.2167
R（2）=-0.0033
R（3）=-0.3218
R（4）=-0.3703
R（5）=0.4931
R（6）=-0.0856
R（7）=0.6678
R（8）=-0.126

U（6）=0.612
R（1）=-0.3935
R（2）=0.2707
R（3）=0.2289
R（4）=-0.5667
R（5）=0.023
R（6）=0.5522
R（7）=-0.2926
R（8）=-0.0849

U（7）=0.6663
R（1）=-0.1962
R（2）=-0.0995
R（3）=0.2246
R（4）=-0.0327
R（5）=-0.6987
R（6）=0.1551
R（7）=0.5959
R（8）=0.1808

U（8）=0.9982
R（1）=-0.011
R（2）=-0.0661
R（3）=-0.1229
R（4）=-0.1511
R（5）=0.1621
R（6）=0.0176
R（7）=-0.0829
R（8）=0.9613

因素矩阵

B(1,1)=0.6314   B(1,2)=-0.1732   B(1,3)=-0.0259
B(2,1)=0.7519   B(2,2)=0.3251   B(2,3)=-0.5221
B(3,1)=0.7159   B(3,2)=0.3543   B(3,3)=0.4361
B(4,1)=0.6213   B(4,2)=-0.079   B(4,3)=-0.0502
B(5,1)=0.6133   B(5,2)=0.0243   B(5,3)=0.2195
B(6,1)=0.728   B(6,2)=-0.5023   B(6,3)=-0.0058
B(7,1)=0.5725   B(7,2)=0.0009   B(7,3)=0.0037
B(8,1)=0.1807   B(8,2)=00584   B(8,3)=-0.0249

B(1,4)=-0.6407   B(1,5)=-0.1986   B(1,6)=-0.3079
B(2,4)=-0.0168   B(2,5)=-0.003   B(2,6)=0.2118
B(3,4)=-0.0645   B(3,5)=-0.2049   B(3,6)=0.179
B(4,4)=0.5199   B(4,5)=-0.3394   B(4,6)=-0.4434
B(5,4)=0.1386   B(5,5)=0.452   B(5,6)=0.018
B(6,4)=0.0937   B(6,5)=-0.0784   B(6,6)=0.432
B(7,4)=-0.0341   B(7,5)=0.0121   B(7,6)=-0.2289
B(8,4)=0.037   B(8,5)=-0.1155   B(8,6)=-0.0664

B(1,7)=-0.1602   B(1,8)=-0.011
B(2,7)=-0.0812   B(2,8)=-0.0661
B(3,7)=0.1833   B(3,8)=-0.1228
B(4,7)=-0.0267   B(4,8)=-0.151
B(5,7)=-0.5703   B(5,8)=0.1619
B(6,7)=0.1266   B(6,8)=0.0176
B(7,7)=0.4884   B(7,8)=-0.0828
B(8,7)=0.1476   B(8,8)=0.9604

1989

教育实验设计简论[①]

为了便于向读者说明实验设计的必要性,我们先从两个例子谈起。

[例1] 一种代号为 T 的疾病,有两种治疗方法 A 和 B。现有资料表明,用这两种方法一共治疗了 390 位病人,其中接受方法 A 治疗的有 160 人,接受方法 B 治疗的有 230 人,治愈率如下:

方法 A 治愈 60 人　　　　治愈率 60/160 = 0.38(38%)
方法 B 治愈 65 人　　　　治愈率 65/230 = 0.28(28%)

从治愈率来看,对于疾病 T,方法 A 的治愈率高于方法 B 的治愈率。

然而,如果我们考虑到病人中性别差异这一因素时,则得到表1。

表1　治疗情况统计表

性别	方法 A	方法 B
男	20/100 = 0.20(20%)	50/210 = 0.24(24%)
女	40/60 = 0.67(67%)	15/20 = 0.75(75%)
总治愈率	60/160 = 0.38(38%)	65/230 = 0.28(28%)

---

① 叶佩华遗作。

我们从不同的性别来看治疗效果，从表1中看到方法B无论对于男患者或女患者，医疗效果（治愈率）都优于方法A，其次无论是方法A或方法B，女患者的治愈率都大大高于男患者的治愈率。

对这个例子的前后两种分析，我们得出了恰恰相反的两种结论，显然后一种分析方法比较合理，因为它考虑了实验对象中存在性别的异质性。

［例2］《教育研究》杂志1961年第一期发表了"《自学教学教材》实验总结"一文。该文叙述：为了检查学生自学能力，我们进行了一次竞赛性测验，测验的内容是还未学过的分式概念、分式基本性质和约分。测验成绩是好的，具体见表2。

表2　测验成绩

班别	市十四中	省实验学校	市六中	石门中学
实验班	66.8（67%）	85（100%）	81.2（100%）	81.3（96.4%）
对照班	55（33%）	79（100%）	74.6（89.6%）	82.9（94.4%）

注：表2中括号内的百分比表示及格率。

根据表中的对比数据，文章得出结果是实验班成绩优于对照班。

在该实验中，仅从描述的统计分析就得出了结论，而以此为结论是缺乏理论根据的。

在［例1］中，由于对不同的治疗方法仅做了直观的描述，没有遵守统计分析的原则去做出推断，所以分析的结果没有正确地说明问题，而且，该例对所研究的问题和研究的对象又没有一个明确的认识，所以两种分析方法就得出了两种截然相反的结论。

在［例2］中，连基本的描述统计都不符合要求，四所参加实验的学校，有三个实验班的成绩优于对照班，就得出实验教材"优"，不能令人信服。

以上面的例子我们看到，不管［例1］或［例2］都存在以下问题：

（1）在实验中，设计方法不具体、不明确。"自学"是有教师辅导的，但辅导的何种程度呢？文中未做说明。因为学生的成绩优劣并不单独由教材所决定，学生原来的程度、教师教学水平的高低、教学方法的优劣等等，对学生的学习成绩都有较大的影响。举一个简单的例子，长方体的体积大小决定于长、宽、高，那么，长方体的体积大，能否认为是由长方体的长所决定呢？显然不能，因为长方体的体积大小也由长方体的宽和高约束。由此可见，认为考试成绩完全由教材决定，这是不够科学的。所以，我们在做教材对比的单因素实验时，还应该充分考虑到其他各种参与实验因素的一致性。如参与实验的教师的教学经验和业务水平、学生的原有成绩等等，实验班与对照班之间应尽可能取得一致；此外，哪个教师、哪那班学生参加实验班或对照班，要做随机性处理。

(2) 实验一定要有实验误差，在该文中仅提供了平均数、百分比，所以并不知道具体的数据，不知道误差的大小。没有误差的估计，就不能做推断统计分析，因此难以得到统计分析结论。

(3) 统计分析不能仅仅做描述，还应该进一步分析问题的实质，才能取得正确的结论。

从上面的分析我们可以知道，要搞实验，就要做实验设计，统计分析只是完成试验设计的一种手段，不是为了统计而统计，只有做好实验设计，我们才能科学地收集数据、处理数据、分析问题、研究问题，从而得到正确、可靠的结论。

一、什么是实验

在说明什么是实验设计之时，先要对"实验"这个词做一点解释。

实验，是一种计划好的、有控制的调查研究，其目的是为了解答问题，检验假设和估计效应大小。通过实验，研究者可以获得新的事实，或者证实、或者否定、或者修改以前的不科学结论。这种调查研究将有利于管理工作者做出正确的、明智的决策。例如在工农业生产中要推广一种新的品种、要改造某种工艺、要试行一种新的操作流程；在教育上要试点推荐某种教材；等等。要做出明智的决策，都需要进行科学的实验，以对假设进行验证，对效应做出估计。

实验，大致可分为三类：

1. 探索性实验，亦称初步实验

这是一种初步的小规模的实验。由于实验者在研究工作一开始，对影响指标的各个因素之作用大小心中无数，探索性实验就可以帮助他进行普查、摸底。这种实验的特点是因子多，它将各部分可能影响的因子的处理组合，均安排在实验中进行比较。它的重复次数比较少，在一个小区上所施加的处理也不太多。正因为实验者的目标在于在一个比较广泛的范围内做初步探索，所以对实验精度的要求不高，结论也显得比较粗糙。在经过了大体上的比较之后，筛掉一部分不重要的因子，做进一步的实验。

2. 鉴定实验，亦即中间实验

它对于经过探索性实验之后，认为对指标有比较重要影响的因子继续进行实验。此时，它要严格遵循实验设计的三大原则。对那些因子的水平要分得精细一点，并要增加重复次数，以提高实验的精度。在每个"小区"上的处理也比探索性实验要多。总之，它是比探索性实验更为精确的一种实验。

3. 验证实验，亦称生产性实验

这种实验是从实验阶段到推广、普及阶段的一种必要过渡。它是鉴定实验的继续和补充。它的特点是实验范围比前二种实验要大得多。实验规模的扩大，使通过实验而获得的信息在更大的程度上经历了正确与否的验证。通过这种大规模范围的验证，将使实验结果中反映出来的规律性的东西变得更加符合客观实际，更加科学化。

二、什么是实验设计

实验设计是应用数学和应用统计学的一个分支。它是为了回答研究人员的某些问题，根据特定的数学模型，遵循费希尔（R. A. FiSher）提出的三大原则（随机化、重复和局部控制），有利于安排实验，取得数据和进行统计分析的一系列的理论和方法。

三、实验设计的基本原则及过程纲要

1. 基本原则

费希尔提出的实验设计应遵循的三个原则是随机化、局部控制和重复，它们是提高实验精度的最有效的方法。

（1）重复，指每一因素的水平（或因素水平的组合）的实验次数不少于2。如做 r 次实验就叫作 r 个重复。重复有两个重要的作用：一是能使实验者得到一个实验误差的估计量；二是如果用样本平均数来估计实验中的因素效应，则重复就能使实验者获得这种效应的更精确的估计量。简单地说，重复的功用是为了估计实验误差和减少实验误差。

（2）局部控制是力求在同一重复区内的环境条件、技术措施、实验管理方法等尽可能一致的做法；也就是力求重复区内具有同质性，而允许重复区间具有异质性的做法。例如，[例2]中的教材实验，如若以学校作为"区组"、班级作为"小区"，则对不同的学校允许有异质性，而对同一学校参与实验的班级，力求具有同质性，即同一个学校参与实验的班级之教师和学生，在各方面的条件尽可能一致。局部控制的目的是防止环境条件等因素的异质性的干扰，从而减少实验误差。

（3）随机化是支承实验设计中应用统计方法的柱石。所谓随机化是实验对象或实验材料的分配，实验中个别"实验"的先后次序，都是随机决定。统计方法要求观测值（或误差）是独立分布的随机变量，随机化通常能使这种前提得到满足。通过随机化实验，我们还能使可能存在的无关因素的效应互相抵消。随机化的目的是使实验结果尽量避免受到主客观系统性因素的影响而出现的偏倚性，从而对误差做出正确的估计。例如，在做出教材或教法实验时，教师的配备、学生的编班等都要随机决定，不能以实验主持人的个人意见来决定。

既然随机化的作用在于保证实验者将获得有效的或无偏的实验误差和因子水平平均数及它们之间的差异的估计量，所以它就成为一个十分重要的实验设计之原则。也正因为这样，人们宁用随机化的办法，而不用那些精确度虽然高一点但无法估计误差的非随机化办法。这好比是二条道路之间的选择：一条路的长度和情况已经明了，而另一条路的长度和情况都不知道、只知道它略为近一点，人们宁肯走那条该走多少路程而且走起来是怎么样都是已知的路，而不走那条情况不明的路。

从实验的科学性来说，上述三原则都是必要的组成部分。从提高实验的精度来看，在重复的基础上，做局部控制进一步减少误差，做随机排列以正确估计误差。它们之间的关系如图 1 所示：

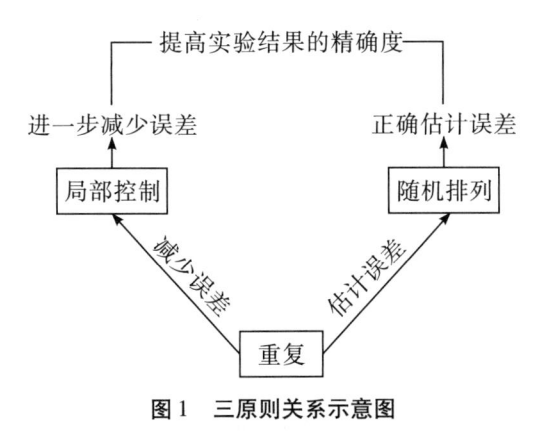

图 1　三原则关系示意图

2. 过程纲要

如果要最有效地进行一个实验，那么就必须考虑计划一个实验的科学方法。所谓"实验的统计设计"，主要是指计划一个实验过程，以便我们能收集到一批适当的数据，通过统计分析，能得到正确的、客观的结论。如果我们希望根据数据能做出有意义的结论，研究实验设计的统计处理是必要的。既然问题所涉及的数据常常有实验误差，统计方法就是唯一客观的分析数据的方法。因此，对于任何实验问题都有两个方面：实验的设计和数据的统计分析。而这两个方面又是密切联系的，因为分析方法直接依赖于使用的设计方法。

为了用统计方法来设计和分析实验，每一实验工作者在事前都必须明确什么是要研究的问题，怎样收集数据和如何分析这些数据，最后还要对数据分析结果给出一个定性的解释。

一般说来，实验设计需要注意以下七个步骤。

（1）问题的认出和表述。这似乎是一种明显的论点，但在实际情况中，对这个问题做出一个清楚而且被普遍接受的表述却常常不是一件简单的事情。必须逐步展开有关实验目标的一切想象，对问题所做的清楚的表述，常常有助于更好地理解问题的各种现象和问题的最后答案。如在［例1］中的第一种分析方法就表述了研究A、B两种治疗方法对T疾病的疗效；第二种分析方法就表述了不同性别（男、女）患者，采用不同的治疗方法（A、B）对T疾病的疗效。当然还可以做进一步的研究，如表述不同年龄（婴、童、少、青、中、老）的治愈率研究。因此，问题应该清楚，不能含糊。不同的问题，有不同的研究方法，这也对因素和水平的选择、对实验结果的分析和理解都有很大的帮助。

（2）因素和水平的选择。实验者必须选择在试验中有待研究的自变量或因素。实验中的因素可以是数量的或质量的，如果因素是数量性的，应该关心的是：如何把这些因素控制在我们所希望的范围内。我们还必须选择在实验中要用到的因素的数值或水平。这些水平可以是明确选定的，或是从所有可能因素水平的集合中随机选择的。在［例1］中，我们有待于实验的问题是治愈方法A和B对疾病T的疗效研究，治疗方法是我们所研究的一个因素，［例1］中研究的因素原是质量的，假若治疗方法A和B都是理疗的话，而以理疗时间长短来分，则研究因素是数量的；假若研究男女患者的疗效差异，则考虑的两个因素可能都是质量的，或一个是质量的一个是数量的。同样，我们还可以考虑不同年龄患者的疗效。

（3）反应变量的选择。在选择反应变量或因变量中，实验者必须肯定测量的反应量能提供有关研究中的问题信息。怎样测量反应量以及哪些测量数值的可能准确度，实验者也必须提出。如在［例1］中，方法A和B治愈率作为反应量，患者的治愈是限于一个疗程的治愈为反应量，还是二个疗程的治愈为反应量，应做具体的规定；是住院治疗还是门诊治疗，是否有其他辅助治疗等等，都要做出详细的规定。

（4）实验设计的选择。这一步是实验过程中最重要的一步。实验者必须确定他所希望检测的"真正"反应量的差异以及愿意承担多大的风险，以便选择适当的样本容量（即重复数）。它还必须确定收数据的顺序以及将要使用的随机化方法。在统计上的精确度与金钱、时间和劳力的花费之间保持平衡总是十分必要的。被介绍的大多数实验设计都考虑到统计效果和经济效益两方面，以使实验者力图获得统计精确度的努力，通常也导致经济的效益。此外，还必须对实验提出一个数学模型，以便数据的统计分析得以执行，如［例1］中，对不同的设计目的要求，就采用了不同的分析方法。

（5）执行实验。这是现实的数据收集过程，实验者应该小心地监视实验的进展以确保实验按计划继续进行。特别应该注意的是随机化，测量数值的准确度以及尽可能地保持实验环境的始终一致。

（6）数据分析。分析实验所得的数据应该使用统计方法。这里重要的担心是数字的准确度,虽然现代的电子计算机已经大大地解除了实验者在这个问题上的困难,并同时减轻了计算上的负担。在分析数据过程中初步的描述和图解的方法是有用的,但要做出科学的结论,则需要做出统计的推断;要根据不同的实验设计、数学模型,做出不同的统计分析。

在[例1]中,不考虑患者的性别因素,疗法 A、B 的治疗效果可以通过治愈率的比例差数之显著性检验来加以判别,即

$$Z = \frac{\frac{60}{160} - \frac{65}{230}}{\sqrt{\frac{\frac{60}{160} \cdot \frac{100}{160}}{160} + \frac{\frac{65}{230} \cdot \frac{165}{230}}{230}}} = \frac{0.0924}{0.0484} = 1.91$$

在 $\alpha = 0.05$ 的显著性水平上,不能拒绝两个医疗方法疗效相当的原假设。

然而,我们不考虑治疗方法,对男、女患者的治愈率做比例数检验,可以得到

$$Z = \frac{\frac{55}{60} - \frac{70}{310}}{\sqrt{\frac{\frac{55}{80} \cdot \frac{25}{80}}{80} + \frac{\frac{70}{310} \cdot \frac{240}{310}}{310}}} = \frac{0.4617}{0.057} = 8.10$$

有极高度显著意义,亦即是说,得了这种病的女性患者治愈率大大高于男患者,这就应该在第(7)步中,建议对男患者如何提高治愈率做进一步实验和研究。

(7)结论和建议。数据一经分析,实验者就可以做出结论或者有关结果的推断。必须确切地解释统计推断和评价这些有实际意义的发现,然后做出有关这些发现的建议。由于实验通常是一个迭代过程,这些建议可以包括另一轮的实验,以一个实验回答一些问题,同时也提出另一些问题。在向他人介绍结果和结论时,实验者应注意使用必要的统计术语,并尽可能地用简明的语言来表达资料。